天雨粟

汉字与信仰

王以培 著

漓江出版社

图书在版编目(CIP)数据

天雨粟：汉字与信仰 / 王以培 著.—桂林:漓江出版社，2019.12
ISBN 978-7-5407-8521-5

Ⅰ. ①天… Ⅱ. ①王… Ⅲ. ①汉字－通俗读物 Ⅳ. ①H12-49

中国版本图书馆 CIP 数据核字(2018)第 210444 号

天雨粟：汉字与信仰(Tian Yu Su：Hanzi Yu Xinyang)

作者:王以培　封面题字:张肇达

出 版 人:刘迪才
责任编辑:韩亚平　张玉琴
装帧设计:李　佳
责任监印:陈娅妮

漓江出版社有限公司出版发行
社址:广西桂林市南环路 22 号　邮政编码:541002
网址:http://www.lijiangbook.com
发行电话:010-85893190　　0773-2583322
传　　真:010-85890870-814　0773-2582200
邮购热线:0773-2583322
电子信箱:ljcbs@163.com

三河市中晟雅豪印务有限公司印刷
(河北省三河市泃阳镇错桥村　邮政编码:065299)
开本:650 mm×960 mm　1/16
印张:22.75　字数:140 千字
版次:2019 年 12 月第 1 版
印次:2019 年 12 月第 1 次印刷
定价:42.00 元

目录

引言

不知从何时起，汉语学着学着，竟成了一门外语，好像内在的宇宙，常换常新，尤其从《说文解字》中，我偶尔发现了远古的星空——

古文“示”（）字解为：“天垂象，见吉凶，所以示人也。三垂，日月星也。”这无异于“上帝说‘要有光’，就有了光”。

顺着这天光，我找到自身血脉中一条隐秘的光河——

我们原本是一个信仰光明、崇拜天光的民族；所有“示”部汉字为证——有一个“示”部汉字，就有一种先民接受天光的方式；只是时过境迁，这光源被历史的风尘遮蔽、湮没了。

当字重现于星空，多重时空在生命里重叠合一，我又看见“天雨粟，鬼夜哭”；唯有双手合十，祭祀祈祷：神祐福祉，天光重临。

王以培

2019 年元月

卷一

天雨粟

寺庙里的语言

一

一 一 惟初太始，道立于一，造分天地，化成万物。凡一之属皆从一。

从万物见出惟（唯）一，一是一位女神，
在清晨微红，夜晚银白，她的指甲上
滴落朝露、星辰。

神说要有光，才有了光；一什么也没说，
就有了道。光芒照在大道上，
你走光路。

那光是真光隐于心胸，如晨光隐没在
南山之后。
行路人在路上生下孩子，
孩子一出生便接着往前行走——
海浪连绵；地平线化为曲线。

一是不变又万化千变，是终极又是本源。
一最善最恶，最亮最暗，
又使水火相容，明暗相间。

一是冬夜冰面上的一叶滑板，是夏日的一马平川。

一是从天而降的一袭秋霜，一根羽毛，

不知降自哪个春天的翅膀。

知一者无一不知，不知一者一无所知。你知道什么？

无知无欲，无悲无喜，

这份自由如潜水时抬头呼吸，

出水是一叶白帆，入水是一条红鲤鱼。

一是最大最小，最远最近，是沉船从远古发出的回音；

沧海卷起无数泡沫，无数个 0……

遇上一个1，

顷刻化为无穷无尽。

∞是一条双头鱼恣意浮游，睡莲在深夜轻轻颤抖。

梦醒的莲花已失去幻觉，撑船渡河人，

已度过沧桑岁月。

示

示　天垂象，见吉凶，所以示人也。三垂，日月星也。观乎天文以察时变。示神事也。凡示之属皆从示。　，古文示。

宇宙神灵的朋友，当你仰望苍穹，
发现日月星垂落三道光，
　　听见天地人发出三种笑声。

你在微笑中行走，事神致福。
你的脚下生风，于是你开始唱颂——

天神引出万物，地祇提出万物。
　　用心求福，告事求福；
愿人类祈祷，终将获得神灵祝福。

闰月王居门中；而你在水中居住。
流水经过门前；关关雎鸠，在河岸对面。

内有三条河，天边有三道光。
天地人之道谁居其中？
　　你在此岸与彼岸之间
　　　　建立你的王国。

祥

祥 祥 福也。从示。羊声，一云善。

那只羔羊的声音，给草原带来安详；
祥和星夜，一双狡黠的眼睛注视着生灵。
吉祥之夜，人们眼看着羊群滴血。
祭神的羔羊，仰天哀鸣：
我的上帝，我的上帝，
你为何要抛弃我？我的血啊，
只能殷红一小片野草和草根下的泥……

节日之夜，红灯笼高挂山前；
草原之夜祥和宁静。静中有一只
小羊，声声哀鸣。
福兮，祸兮？人云亦云。
我的上帝，我的上帝，
你为何抛弃羊群？

禅与蝉

蝉  以旁鸣者。从虫，单声。

禅  祭天也。从示，单声。

封土为壇，除地为墠；
而那只蝉振翅飞上树顶，身着透明青衣。

夏日悠悠，神坛寂静。那只蝉
在树上发出流水的声音。
流水流云流去光阴，这高贵的歌者，
幽幽鸣唱，悠悠抚琴。

神隐去，以旁鸣者，在树上隐居。

玉

玲 玲 玉声。从玉。令声。

玎 玎 玉声也。从玉。丁声。齐太公子伋谥曰玎公。

琤 琤 玉声也。从玉。争声。

璅 璅 石之似玉者。从玉。巢声。

瑨 瑨 石之似玉者。从玉。晋声。

璁 璁 石之似玉者。从玉。悤声。读若蔥。

莹莹玉声,滴破山石,石头里呈现玉色花纹。
玉色的河,玉色的天,玉色佳人。
每一棵玉树亭亭玉立,
每一块碎玉完好无损。
他山之石清泉流动,
他乡之月月色撩人。

我们在玉色梦中长大,曾经的爱情玉石俱焚。
玉尘飞落亦如宝玉,珊瑚岛上的珍珠琥珀。

以心求玉,以玉事神,你终将成为一个通灵者。

气 氛

气  云气也。象形。凡气之属皆从气。

氛  祥气也。从气，分声。

东风颤抖着从天而降，
西风含着乐音悄悄离去，
鸟在空气中有声无形。

吉祥的星云从天边流逝，
时光浸在你的血液里，
那红色不可轻易显露。

你珍藏的一颗心偶尔在春天显露——
空气颤抖着，灯火与星光遥相辉映；
你静伏空中回忆星星，
每一颗都曾穿过你的身体。

象形文字散落花雨，你不必拾捡，
只需静观静思，静卧静听——
一阵风穿堂入室，
你的屋里有一种特殊气氛。

草

草 百卉也。从二屮。凡草之属皆从草。

卉 草之总名也。从草屮。

茁 草初生出地貌。从草，出声。《诗》曰：彼茁者葭。

苷 甘草也。从草，从甘。

薏 令人忘忧草也。从草，宪声。《诗》曰：安得薏草。

芸 草也。似目宿。从草，云声。《淮南子》说：芸草可以死复生。

许多艸隐没在乱石之中；汉字秋风瑟瑟。
闻到芳馨的人也闻到了血腥；
可想想青艸发生，一年一度。

忘忧人曾经的忧伤也没入艸丛；
石碑下的低语形同草根；甘艸甘泉岂可甘心？

你在沙漠遇见芨芨草，在草原遇见野雏菊。
菊花又美又大，能使死者复生？

一个个深秋垒在一起就到了深夜，
心被压在秋天下面。
一丛丛野草连在一起又到春天，
鸟儿跳上屋顶、树尖。
蝴蝶依旧在草丛中流连，仙人变形，灵魂升天。

儿泣不止

哓  秦晋谓儿泣不止曰哓。从口，羌声。

咷  楚谓儿泣不止曰叫咷。从口，兆声。

喑  宋齐谓儿泣不止曰喑。从口，音声。

咳  小儿笑也。从口，亥声。

儿泣不止直到今日，悲悲切切更到何时？
有爱难求，有梦难寻，有口难辩。
秦齐楚燕韩赵魏儿泣不止；
唐宋元明清儿泣不止。
哀声不绝，哀鸿遍野。

你不必担忧：讲个故事，再咳嗽一声；
“小儿笑也”。

君 命

君  尊也。从尹发号,故从口。 古文,象君坐形。

命  使也。从口,从令。

君臣父子已天各一方,

字依旧端坐在宝座上。

不乐天,不知命,不觉宝座上的石头

冰凉冰凉。

那些虚幻的光芒来自荒冢;

青石板上的文字比雨水更亮。

水边野树,草丛中的野兔

都认出它们的影子;

那些幻影曾端坐在宝座上。

人之初,命之始,如树木立在溪水旁;

天赋使命之君王不在宫殿却在草原上。

那些幸存的羔羊不幸的羔羊

终将成为万王之王。

走

赴  趋也。从走，仆省声。

超  跳也。从走，召声。

赳  轻劲有才力也。从走，丩声。

赶  举尾走也。从走，干声。

迹  步处也。从辵，亦声。

行  人之步趋也。从彳，从亍。凡行之属皆从行。

步履维艰之时，你乘着“辶”出发，洋洋洒洒，
从甲骨走到竹简，从竹林走向纸鸢。
那株鸢尾草花青茎绿叶如利剑。

走一走跑一跑跳一跳，但不能翘尾巴，
所到之处将脚印深深留下，
最好踩出片片水潭，让水上开满莲花。

那么多人走啊走啊，于是有了，
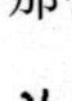字由无数脚印踏成，那些脚
曾踏遍山林水泽、海角天涯。

盼

盼  诗曰：美目盼兮。从目，分声。

盼兮是个女孩的名字，
她用眼睛说话，用耳朵呼吸，
用长发聆听。

心如流星，坠入草原流水；
牧民赶着牛羊，去远方娶亲。

白黑分明，消除最后的疑虑；
美目盼兮，盼望永恒的家庭。

翡 翠

羽  鸟长毛也，象形。凡羽之属皆从羽。

翡  赤羽雀也。出郁林。从羽，非声。

翠  青羽雀也。出郁林。从羽，卒声。

翏  高飞也。从羽，从㐱。

所有飞过的鸟，你都不会忘记。
凤凰远去，故人杳无音讯。
你将翡翠置于灵台；赤羽青羽，孔雀徘徊。

孩子们在竹林里念经：
　　　　“凤凰于飞，翙翙其羽。”
你凭窗远望，却见赤羽青羽
　　　　纷纷落地，化为玉石翡翠。

五脏六腑

心  从心土藏，在身之中，象形。博士说以为火藏。凡心之属皆从心。

肾  水藏也。从肉，臤声。

肺  金藏也。从肉，市声。

脾  土藏也。从肉，卑声。

肝  木藏也。从肉，干声。

木火土金水，肝心脾肺肾；
青赤黄白黑，酸苦甘辛咸。

青如翠羽，赤如鸡冠，黄如蟹腹，
白如豕膏，黑如乌羽；
你与飞禽走兽，
隐含默契。

你用汉语透视，从自然倾听，
从五颜六色认清五脏六腑、
七情六欲。

而肺腑之言深藏心底；
心于自然之中，养浩然正气。

鸟 语

鹭  白鹭也。

鹄  鸿鹄也。

鹬  知天将雨鸟也。

鸷  击杀鸟也。

鹦  鹦鴞能言鸟也。

鹩  刀鹩，剖苇，食其中虫。

五色鸟黄头赤目却已中箭落地，
不知坠入了哪一座山谷；黑夜静如坟墓。

知天将雨，刀鹩剖开芦苇，
鸷鸟搏击，鸳鸯戏水，
鹦鴞还在重复着人类听不懂的言语。

天色昏暗，无数彩色翅膀在夜空翻飞；
而星空无际，星光已汲取所有梦境。

四条陌生的鱼

鯀　鱼也。从鱼，系声。

魴　赤尾鱼。从鱼，方声。

蚴　鱼名。从鱼，幼声。读若幽。

鯚　鱼名。从鱼，巠声。

四条陌生的鱼游过四月，似曾相识，
却又忘记了她们的姓名。
四种颜色的鱼有四种性情：
自在、欢乐、淡泊、沉静。

四条陌生的鱼游过四月，春天焕然一新。

牛犊

犊  牛子也。从牛，渎省声。

犻  二岁牛。从牛，市声。

犙  三岁牛。从牛，参声。

牭  四岁牛。从牛，从四。四亦声。

一岁牛犊，无知无欲。
二岁牛犊，无忧无虑。
三岁小牛，哞哞鸣叫。
四岁小牛，悠悠吃草。
五岁牧童，河边睡觉。

马

驻 马立也。从马，主声。

驯 马顺也。从马，川声。

颿 马疾步也。从马，风声。

驾 马在轭中。从马，加声。

骈 驾二马也。从马，并声。

骖 驾三马也。从马，参声。

骛 乱驰也。从马，敄声。

驷 一乘也。从马，四声。

这些马纷纷从古战场归来，精疲力竭。
你前去安慰。它们颤抖着
静伏在你身边，半闭着眼睛，
长长的睫毛，掩不住深深疲倦。
你备好了马鞍却迟迟未出征；
上路的马匹纷纷夭折，躺倒在路边。

你轻轻解下马鞍，抚摸它们流血的伤口。
金戈铁马的故事，人们早已厌倦。

匈奴不再凶悍，汉人不复团圆。
人们丢下战马，却像战马一样远征，
背负一轮明月。

他乡之月，偶尔映照战马嘶鸣，只是幻觉。

鹿

鹿  兽也。象头角四足之形。鸟鹿足相似。从匕。凡鹿之属皆从鹿。

麟  大牡鹿也。从鹿,粦声。

麀  牝鹿也。从鹿,从牝省。

麋  鹿属。从鹿,米声。麋,冬至解角。

漫山奔跑的鹿群如今只剩幻影,
岩画上的九色鹿正侧耳倾听:
猎人号角,风声鹤唳……

许多鹿早已灭绝,在岩石中哀鸣;
风声风蚀了雕像手臂。
那些无名氏曾如鹿群聚在山前,
又在号角声中化为乱石。

漫山遍野的鹿群藏进荒野,
或登临绝壁,
不出声,欲哭无泪。
那只九色鹿只在星夜奔跑,
在星际之间,轻如梦境。

悄 悄

悄  忧也。从心，肖声。诗曰：忧心悄悄。

云，挂在树梢，在冷风中飘摇。
有人在树下告别，他们不说话，只挥挥手，
　　手就像一片落叶，在秋风里飘。

心，沉默不语，只因寒风已将该说的说尽，
却总也说不清；灰白的苍天已将该呈现的
　　一一呈现，却总有深秋，藏进灰云。

云，挂在树梢，停了一会儿，
　　　　　　又缓缓前行，无声无息；
　　　　　　　　情侣悄悄上路，各奔东西。

憧 憬

憧 意不定也。从心，童声。

憬 觉悟也。从心，景声。诗曰：憬彼淮夷。

那个孩子冲进一片大雨淋湿的风景，
钟声在雨中化为流水——
　　　　童心游移不定，觉出风景里的风景。

是你吗，我的童年，钟声里飘忽不定的幻觉？
　　　　大钟亭的红墙，玉一样的青天。

是你吗，我觉醒的那一天，草地上飞来的蜻蜓？
　　　　你的色彩至今变幻，我至今无法确定。

　　冬眠的松鼠、弹琴的蟋蟀、钟声、蜻蜓……
无心无意的童年，蕴藏至深的风景。

性 情

情  人之阴气有欲者。从心,青声。

性  人之阳气,性善者也。从心,生声。

太多的心已失去元初的善意,
太多的人已失去本心。
性情只是阴阳相和,善恶统一,
而你却要穿越旧有的话题
去源头饮水。

心中的圣水直抵甘泉,那里
没有生死与善恶界限。
一切都是光,一切都是雨。
光润万物,人们小心翼翼。

心如落叶在水中游来游去;
一个小人儿站在树叶上,
他已喝过忘川水因此无忧无虑,
忘记回家,也忘了风雨阴晴。

水到之处

沫　水，出蜀西徼外，东南入江。从水，末声。

沮　水，出汉中房陵，东入江。从水，且声。

泾　水，出安定泾阳幵头山，东南入渭，雝州之川也。从水，巠声。

渭　水，出陇西首阳渭首亭南谷，东入河。从水，胃声。杜林说，《夏书》以为出鸟鼠山，雝州浸也。

湄　水草交为湄。从水，眉声。

汨　长沙汨罗渊，屈原所沉之水。从水，冥省声。

水经过一个地方得到那里的名字；
　　　那个地方得到无名之水——
出自源泉，归入江河，
　　水中人影连同河水一同流去。

屈原还在汨罗江里诉说着什么谁也听不清，
凄楚落叶，还在河上飘零，如楚风长吟：
“惟草木之零落兮，恐美人之迟暮……”

泾渭分明的河水分开人群，一条河养育一群人。
河有自身波纹，人有各自性情。

水到之处你都到过，你的血液便是无数河流汇成。

曾经沧海

涓  小流也。从水，肙声。《尔雅》曰：汝为涓。

混  丰流也。从水，昆声。

滂  沛也。从水，旁声。

漻  清深也。从水，翏声。

況  寒水也。从水，兄声。

那条鱼游过各种各样的水，
换了一身又一身鳞，直到波光粼粼；
那个渔夫经过各种各样的海，
换了一条又一条船，最终孤苦伶仃。
心中往事被清流化解，酸甜苦辣，赤橙黄绿……

暖流脉脉，寒流穿心；曾经沧海的老人悲欣交集。

溦 濛

溦  小雨也。从水,微省声。

濛  微雨也。从水,蒙声。

太阳直射山岩,你站在山岗上头晕目眩,
以为牛羊是流动的岩石,
以为山崩地裂,眼前一片黑暗;
大雨封山,你躲进山洞里什么也看不见,
黑云压顶,风声鹤唳,
仿佛末日号角吹响在耳边;
直到风雨平息,阳光尚未出现,
微风从青枝绿叶间摇落细雨,
沾衣欲湿,吹面不寒,这时,
你才从溦濛之中,听清神的语言。

粼 粼

粼 水生厓石间粼粼也。从巜，粦声。

川 贯穿通流水也。《虞书》曰"濬𡿨巜，距川"，言深𡿨巜之水会为川也。凡川之属皆从川。

州 水中可居者曰州。周绕其旁。从重川。昔尧遭洪水，民居水中高土。故曰九州。诗曰："在河之州。"一曰，州，畴也，各畴其土而生之。，古文州。

泉 水原也。象水流出成川形。凡泉之属皆从泉。

雨在上，鱼在下，水居中。
水生厓石间；你生于水中可居的家园，
一生如一清泉，穿越重重山岩，
泉水坠落，瀑布挂前川；
川字时时生成，时时坠落——

你用心研墨，不知自己将被流水变成什么。

液 汁

液  盡也。从水，夜声。

汁  液也。从水，十声。

清泉在春夜丛林，汁在花茎，
血在身体里，暗流；
你用心血熬炼汉字的原汁。
血中的春夜，
无穷无尽，温暖的液汁，
从树根渗入花茎，
从花香渗入鸟语，
悲天悯人的
汉字涌出泪水。

暮云牵着岁月渡过沧海；
孩子们牵着母亲的衣襟
穿过长夜，星夜悄然无语。

满

满  盈溢也。从水,㒼声。

空房间里,灯光满满的,溢出笑声人影。
窗口,月儿满满的——
　　　中秋之夜,海潮暗暗涌起。
离人心里满满的,装着秋天的回忆。
　　　只有屋里空空——
　　　　　她刚离去。

霜露

霁 雨止也。从雨，齐声。

霜 丧也，成物者。从雨，相声。

霩 雨止云罢貌。从雨，郭声。

露 润泽也。从雨，路声。

霓 屈虹青赤，或白色，阴气也。从雨，儿声。

霜露停在夜空，凝成一串灯。
路灯伸向荒野，凝神静听：
车流涌动，城市浮现夜色温暖的湖泊。

霓虹灯轻吐朝雾，将苍白的行人
染得五颜六色。
雨止云罢，霜露还在城中飘浮。

雨停了不知多少次，每一次都留下一个疑问，
一种心情。你抬头看看天，
摸摸雨，无意摘下一只橘子。

姓

姓  人所生也。古之神圣，母感天而生子，故称天子。从女，从生。生亦声。《春秋传》曰：“天子因生以赐姓。”

黄帝居姬水；神农居姜水。
水是你的祖先，她一天一变。
一条河有一个姓氏——
圣母感天以生子，河流动地而育人。
河水哺育水中鱼群，看不见的河流
在姓氏中流衍。姓氏写在水上。水流传递月色。

天子因生以赐姓；神农与黄帝
得了水的姓名，至今在水边嬉戏。

竹

竹　冬生草也。象形。下垂者箁箬也。凡竹之属皆从竹。

笙　十三簧。象凤之身也。笙，正月之音。物生，故谓之笙。大者谓之巢，小者谓之和。从竹，生声。古者随作笙。

箫　参差管乐。象凤之翼。从竹，肃声。

籁　三孔龠也。大者谓之笙，其中谓之籁，小者谓之箹。从竹，赖声。

冬生草也，许多孔发出声音：
笙如凤之身，箫如凤之翼，
凤凰来仪，神人以和……

黄鹂鸣翠竹，羌笛怨杨柳；
竹林随风生长，应和风声、流水。

而你默无声息，在冬季到来之前，
细听来自竹林里，每一片竹叶的回音……

待到冬夜落雪，万籁俱静，
空留竹枝折断的声音。

鸡 笼

笼  举土器也。一曰笭也。从竹，龙声。

笼子里有一只鸡。
早晨，柳树下，轻烟里，那只鸡睁开圆圆的小眼睛。
她的眼圈是红的，好像熬了一夜。她或天天熬夜？
笼子里有一只鸡，红冠白翼，圆圆的小眼睛
盯着晨雾，想着一些模糊不清的问题……

雾很随意，来了又去；鸡也不在乎，昂着头，
走路很神气。她是一只小母鸡。

古 籍

籍　簿书也。从竹，耤声。

所有竹枝在汉语里都是青青的，
你从竹林发现汉字的颜色。
所有古籍也都是青色的，
　　　　竹简晃动着远古竹林。

你从古籍深入远古，从竹林
照见明月流水，杜鹃声声。

哀鸣中的喜悦，喧嚣中的寂静，
曾经存活的一切，一一藏进汉语。

借着竹林清香，你与祖先一同呼吸。

巢

巢  鸟在木上曰巢，在穴曰窠。从木象形。凡巢之属皆从巢。

那只手还想从树上摘果子；
鸟已在树间筑起它们的巢。
以羽为巢，以木为巢，以梦为巢——

南方有一种鸟，衔着野果在天上飞，
以杨树为巢，槐树为巢，柳树为巢，
或衔着自己落下的羽毛，将它们粘在一处；
一群鸟相濡以沫，
以柳树为巢，松树为巢，果树为巢。

鸟巢在天上飞，那只手怎么也捉不到。

日

日　实也。太阳之精不亏。从口一。象形。凡日之属皆从日。古文象形。

旻　秋天也。从日，文声。《虞书》曰：仁闵覆下，则称旻天。

时　四时也。从日，寺声。，古文时。从之日。

早　晨也。从日在甲上。

许多太阳藏在汉语里，汉字隐隐发光，
　　　　不在日光下，却在幽暗处，
如秋天的早晨，时钟尚未敲响，
露水从青草上滴落，寺庙塔尖，
　　　　顶着一粒光珠，金光万丈。

“早早”用一枚十字架，将日光挑在头顶；
　　　　早早捧出世人尚未见到的太阳。

心在十字架下滴血，雪从天降。
又到春天，诗人或殉道者，
　　　　　　　　你的血如何将再度发光！

水　晶

晶  精光也。从三日。凡晶之属皆从晶。

壁垒森严的心灵霎时闪亮，
三个太阳有如三生光芒；
洞房花烛，满堂精光。

精光旋转时光，三日不见，
迸出三个太阳。亮晶晶的时光
夜以继日，静夜散落群星宝石……

纯粹的日子里，你远离喧嚣，
驱散凡尘，从艰难岁月里，掘出水晶。

梦

夜  舍也。天下休舍也。从夕，亦省声。

梦  不明也。从夕，瞢省声。

“明道若昧，进道若退”；
当半个月亮在雾中上山，
　　　　梦已变得十分清晰——
清如风，轻如翼，于天下休舍栖息。

入夜，孩子们都看见孔雀开屏，
青羽乌翼，绿丝巾上，点点晨星。

而今你长大了。梦，不翼而飞。

白

白  西方色也。阴用事。物色白。从入合二。二，阴数。凡白之属皆从白。，古文白。

皎皎月之白，皢皢日之白，
皑皑雪之白，皦皦玉之白，
皠皠鸟之白，皙皙人之白。

皮肤白皙的女子，见白鸟飞过霜雪。
雪落无声，窗前明月皎洁。

静女其姝，在玉色梦中，
白色化为缤纷的色彩。

真

真  仙人变形而登天也。

仓颉之前已有真人；
基督之前的月亮底下，
早有先人流血，仙人变形——
他们来自尘土，归于云天。
基督升天，故人已乘黄鹤远去……

真人真事化为真理；
实化为虚，虚化为实；
孩子们又在月亮底下，
重复着仙人变形的故事。

而那人不得不成仙，
因为除了星空，他无处藏身。

神 女

娲 古之神圣女，化万物者也。从女，呙声。

娥 帝尧之女。舜妻娥皇字也。秦晋谓好曰娙娥。从女，我声。

婢 女之卑者也。从女、从卑，卑亦声。

嫦娥奔月，窦娥蒙冤；
尧之女，舜之妻早已埋没林间。
芊芊芳草，幽幽碧树，美人何日重现？

神女潜入凡尘，化为奴婢，跪在母亲坟前。
那补天神女，难补人间生离死别！

圣灵降临人间，童女感动生子。
谁知这不幸的孩子，将承受天下苦难！

幼 儿

幺  小也。象子初生之形。凡幺之属皆从幺。

幼  少也。从幺，从力。

一只金葫芦在风中摇晃；一个金娃娃赤身露体，
嘴角沾着一滴露水，他刚睡醒。
一群孩子被放归深山，几只野鹤在山里徘徊，
细雨空蒙，山间草木茂盛——
记忆退至洪荒时代：混沌世界有如母体，
幽暗潮湿，黑树枝轻吐花蕊。
野果滚落山谷，孩子们出山，告别母体——
山口一道闪电，照亮泪水模糊的眼睛。

一只金葫芦从树间飘坠。

匍 匐

匍  手行也。从勹，甫声。

匐  伏地也。从勹，畐声。

葡萄落叶坠地；婴儿在地上爬行，
柔软的叶子握在手上，如绿色船桨——
孩子们在地面划行。
柔软的身躯紧贴地面，像蛇一样灵巧，
如青蛙伏地——不出声，用手划行。

手中绿叶发出流水的声音。
葡萄落叶坠地，光滑圆润的身体，
滚落山谷，液汁流了一地。

钟

钟  乐钟也。秋分之音。物种成，故谓之钟。从金，童声。古者垂作钟。

那个秋天是哪个秋天呢？
那人又听见钟声如乐，在星空回荡着
果实成熟的声音，
仿佛群星便是时光凝成的宇宙果实。

那只神奇的手又在无形之中拨动，
将编钟散开，让每一口钟
都用沉默发出特殊的声音。

这个秋天深不见底。钟声在村口回荡，
孩子们奔走相告：万物种成！

场

场 場 祭神道也。一曰田不耕,一曰治谷田也。从土,昜声。

认识了“场”字,你才理解广场的含义。
祭祀者未见神灵,却见血流成河。
“哀恸的人有福了!”——那片场地
至今印刻着抹不去的幻影。
每一块石板都是软软的,一踩下去,
泥土都会感觉到痛!

痛楚埋在场地之下,如种子在春天悄悄发芽;
痛楚飘在场地之上,引来旧日徐徐清风,
吹落清明雨丝……

离群索居

索  草有茎叶，可作绳索。从𣎵糸。杜林说：𣎵，亦朱木字。

离群索居，你住进一片山林；
未遇知音，却见芳草萋萋——
那些野草因久困荒野而更加茂盛。

你和野草相聚，以草茎结绳，攀上山顶。
山上有山，河流在脚下细如绢丝。

离群索居，你遇上众多知己：
野鹿、野云过门而不入，
明月、荒山与你面面相觑……

可你爱恋着野草，将她们细细编织……

子在川上曰：……可你只听见流水的声音，
川流不息。候鸟春分来，秋分去；
求子心切的女子，“履帝武敏，歆”——
圣人诞生之时，野外总有奇迹发生。

野 合

孔  通也。从乙，从子。乙，请子之候鸟也，乙至而得子，嘉美。

从山中一小孔窥视，你看见一位仁者；
从海边一门缝张望，你看见一位智者。
仁者见仁，智者看见一只候鸟飞过山顶。

山中野合的情侣，听见野百合开花的声音，
　　是叔梁纥和颜氏女，或别的什么人，
野合即与原野相合，汲取野花野草之灵性；

还有风声，吹动鸟羽。那只候鸟的
　　两只黑眼睛外面，镶着两个金眼圈，
　　　　里面，有两朵飞逝的云。

东

东 动也。从木。官溥说：从日在木中。凡东之属皆从东。

林 平土有丛木曰林。从二木。

桑 蚕所食叶木。从叒木。

那个太阳停在树林之后，晨光如水，
冲弯了树枝。桑树吸饱阳光，残雪从枝头消隐。
那个太阳停在桑树后面，像停了的钟摆，
　　　　　　　　　　等待着有人上弦。
那位良人，天不亮就起身，坐在桑树下弹琴。
　　　　　　　　　　琴声无词，如春蚕吐丝。
那个太阳停在桑树之后一定和谁约好；
那位有心人已早早动身。
　　　　　思无邪，情无声。
　　　　　东方故事，发生在林间清晨。

南

南 南 草木至南方有枝任也。从𣎵，𢆉声。𡴭，古文。

风向南吹，木向南倾，水向南流，家在南国。

梦中烟雨楼台，梦醒风尘干戈。
宿鸟归飞，浪子远征；
　　　　旌旗招展，忽闻四面楚歌——

“红豆生南国，春来发几枝……”
风向南吹，木向南倾，水向南流，家在南国。

孕育

孕  裹子也。从子，从几。

育  养子使作善也。从𠫓，肉声。《虞书》曰：教育子。

母体孕育生灵，母乳哺育生命。
养子使作善也，养儿防老；
可善男信女为何屡屡幻灭，屡遭不幸？

起初的爱心通过母乳传递，
却不知在何处遗失；
落地的种子萌芽初生，未知凶吉。

兵荒马乱的凶年，孩子们容易变心。

野土

墠 野土也。从土,单声。

垝 毁垣也。从土,危声。诗曰:乘彼垝垣。

心 人心土藏,在身之中,象形。

野土中深埋的一切都不会死去;
野火中焚尽的芳草终将再生。
你的生命里有一方圣土,土藏在身之中为心。
心在土中如鱼在水中。
心来自尘土,归于尘土;
归去之后,尘土化为圣土。
那墓地上的新月至今为之动容。

心在土里依然跳动,石碑在雨中还在倾诉着什么。
这时的雨水已不再是泪水,却是从天而降的圣歌。

野土危墙,颓垣荒冢,终因心藏其中而永远轻柔、湿润。

饮酒者

酒　就也，所以就人性之善恶。从水，从酉，酉亦声。一曰造也，吉凶所造也。古者仪狄作酒醪，禹尝之而美，遂疏仪狄。杜康作秫酒。

了　尦也。从子无臂，象形。凡了之属皆从了。

孑　无右臂也。从了乚。象形。

孓　无左臂也。从了亅。象形。

断墙残垣，野土荒草。小路上走来一个人，
远看一匹马，近看一棵树，
原来是个残缺不全的人。
他失去了左臂又将失去右臂，却在风中饮酒，
孑然独立。浊酒、厚酒、一宿酒他都痛饮，
酩酊大醉之后醒来诉说——
(酣)，酒乐也。
(醉)，卒也。卒其度量，不至于乱也。一曰溃也。

为什么饮酒？为什么崩溃？
酣醉之中，死亡也变得轻而易举，还怕什么？
任酒醒之处，杨柳依依或雨雪霏霏……
生命苦短，美酒长存。古来圣贤……
他说着说着，泪水已夺眶而出。

饮酒者至今站在风中，他的左臂和右臂都被大风吹落，
如树枝折断，只剩树干，枯而不死不朽。

诗

诗  志也。从言，寺声。 古文诗省。

我看见一截绳头被雨水浸湿、断裂，
　　　　　　雨滴像念珠一样坠落……

一道闪电照亮林间野鹿——
　梅花鹿蹿入岩石，岩石就活了；
　　撞入象形文字，文字就活了——
　　　　梅花鹿把梅花带进庭院。

天上的绳头断了，雨停了，
　　　　彩虹把七色分给七户人家，
他们相亲相爱，住在草长莺飞的河边。

雨停了，他们开始学习飞鸟的语言：
　　　“关关雎鸠，在河之洲……”

在心为志，发言为诗；
　　　　在自然的庙宇里，
　　　　　　　　诗是寺庙里的语言。

尔　雅

献　辞

终于接近你,那个遥远的盛夏;
终于找到你,夏天炽热的光芒、流水。
我去山林,你是潺潺流水,
我在江上,你是白鹤时鸣……

金文在铜鼎里游,鲤鱼遨游水火天地。
你变回草木虫鱼;我草长莺飞,
啊,盛夏盛夏,彼黍离离,
墟中人翩翩走来,带回隔世的忠贞爱情。

1

初、哉、首、基、肇、祖、元、胎、俶、落、权舆，始也。

元初，剪刀裁开一匹山岩，一朵云。
轻飞的文字，都是堂前燕子，
明月，中途掉进海里，
溅起的，都是爱情。

起初，走兽叼着婴儿
哭泣，在壁上喃喃自语。
荒漠丝绸，将斜阳裹进马背，
枣红马，像一把铁锤，在天空凿井。

初始，伐木丁丁，始建屋基。
姜嫄履帝武敏，感动怀孕。
上帝看我生得俊美，就用雨丝，
将我吊在空中，摇篮静美……

淅淅沥沥，陶轮转雨，
颛臾国的祖先都还年轻，
我们经历着前世，无知无欲。

起初，河养鱼，山养琴，
琴声中的蟋蟀，辉煌隐居。

2

林、烝、天、帝、皇、王、后、辟、公、侯，君也。

大君不是大军，是看不见的你，
你是山林水泽，元初、唯一。
朝云暮雨，赐人类婴儿与爱情。

昔三后之纯粹兮，故众芳一体；
混沌初开，垂落天边日月星。
三皇五帝皆忠于你——
你是自然，是莲心，苦苦的，饱含甜蜜。

你是道是路，是无人知晓
人尽皆知的秘密——
你是雷，是雨，强如烈焰，柔软如丝。
你是起初，是婴儿，是转世灵童尚未命名。

而天湖已从高山睁开你蓝宝石的眼睛。
我已从心尖找到你，
从你找到红蜻蜓——莲台偶尔也是窗台，
我看见窗外斜阳，正将倒伏的麦穗一一扶起。

找到你，我开始翻耕白云。
云在泥土之下，护佑祖先魂灵。
他们有时是种子，有时是你，
林、烝、天、帝，皇、王、后、辟，
我的家国，我的父王，我的国君。

3

弘、廓、宏、溥、介、纯、夏、怃、厖、坟、嘏、丕、奕、洪、诞、戎、骏、假、京、硕、濯、讦、宇、穹、壬、路、淫、甫、景、废、壮、冢、简、箌、昄、晊、将、业、席，大也。

你在草丛里发现一座青山，
那是父亲的坟墓，连着荒漠荒冢。
洪水来临，我们一同迁往高处，
那里早有先民在等，等空中莲花开出我们。

北斗七星，伸出长勺，父亲啊，
正低头饮水，仰天沐浴。
夜像一张凉席，铺在我的小床上；
父亲归来，渺渺星际，熠熠蝉鸣。

4

怃、厖，有也。

三军可夺帅也；你除了志向，
还有什么？
心底
空
空
如
也——

一片空林，覆盖原野，

夜幕笼罩寂静。

回音

波

浪

连

绵……

燕燕于飞，衔来云雨；

逝去的黑夜，长在野土中，

我来为你送行——

燕子送走琴声——

“舒而脱脱兮……无使尨也吠。”

5

迄、臻、极、到、赴、来、吊、艐、格、戾、怀、摧、詹，至也。

如、适、之、嫁、徂、逝，往也。

船着沙不行，七夜不詹，

你还去哪里？

手摇转经筒，宝塔如莲。

我于是选择水路，逝将去汝，嫁与春天。

你们都去进步，让我退至深谷。

逝将去汝，

道路藏在稻子里，来去自如。

6

赉、贡、锡、畀、予、贶，赐也。

“何以畀之？”赐尔乳名。
回到元初，从土中睁开眼睛；
我的祖先，黑黑的身体，庄严宁静——
众人头顶光环，围拢你，
或弯弓搭箭，射落天上原野——

夜在地面燃烧，花海凝固火焰。

“何以畀之？”赐我一只贝壳，海就挂满房间。

7

仪、若、祥、淑、鲜、省、臧、嘉、令、类、綝、彀、攻、穀、介、徽，善也。

我将善心美意卷进行囊，
将星空献给孔雀，让她收进翅膀，
好将星辰乌羽，随意收放——
我将美意善心绣进沙漠，
骆驼是移动的徽章。
我的善意是一阵微风，

吹动石头里的蝌蚪，远古波浪。

露珠、血滴，洒在蛇身、
狼背或自身的伤口上。
秉承这一脉血，你天生善良！

8

舒、业、顺，叙也。
舒、业、顺、叙，绪也。

心里的河，总往上流；
逆水行舟，舒心的折磨。
我将水
磨成镜子；水将我
养成鸽子——
顺着云梯一层层飞上去，
河流缓缓上升，
牵出我的思绪。

9

怡、怿、悦、欣、衎、喜、愉、豫、恺、康、妉、般，乐也。

“君子有酒，嘉宾式燕以衎”，“式燕以乐”。
酒瓶太小，装不下人的欢乐——

我的欢乐，不耽于酒色，
色即是空，空即是色。
味无味，色无色。
无色无味，海天一色。

再回来，我已服服帖帖，
在生活细节里，抽丝剥茧，
抽出荒沙苦海，悲中喜乐。

10

悦、怿、愉、释、宾、协，服也。

“自天降康，丰年穰穰。”
许多欢乐以为错失，乃上天赐福；
以为赢得，却自酿苦果。
不如将自己挂在树上，
像一只
空
心
葫
芦。

11

遹、遵、率、循、由、从，自也。

遹、遵、率，循也。

隐居净瓶多久了？
身形生出柳枝，轻抚孩童——
他曾通灵，自去自来，
枉入红尘，顺从祖先的心思——
心潮走马，率西水浒，
风乎舞雩，咏而归。

12

靖、惟、漠、图、询、度、咨、诹、究、如、虑、谟、猷、肇、基、访，谋也。

谋于南宫，问于青天：
天，何时再清些？
古墓长势，古树芳龄，
且问风雨。

武王访箕子；谁布天上棋？
苍穹星罗棋布，落子无悔。

13

典、彝、法、则、刑、范、矩、庸、恒、律、戛、职、秩,常也。
柯、宪、刑、范、辟、律、矩、则,法也。

你们在地上织出经纬,蛛网纵横。
我看不懂法典法规,也不遵守清规戒律。
天有常行之道,人无恒定之礼;
我们随心所欲,有悖常理?

欢笑宴饮,何故脸色阴郁?
醉不成欢,不如钻进洞里。
南柯一梦,
斧头烂如泥,
牧童在泥里欢笑,杨柳又发新枝。

14

辜、辟、戾,罪也。

辜本罪也。无辜更是重罪——
思牵黄犬,放马南山。

五马化五龙,神形消散——
我的上帝,我的上帝,
罪在哪里,功名又在何处?

15

黄发、齯齿、鲐背、耇、老，寿也。

我们老了，黄耇鲐背——
金斑蝶落在脸上，不肯离去。
背上的鱼，常带我们游历，
游回小时候，
听清庙钟声，时远时近。

16

允、孚、亶、展、谌、诚、亮、询，信也。
展、谌、允、慎、亶，诚也。
谑浪笑敖，戏谑也。

“允矣君子”——
我答应你的事，绝不反悔。
我们曾共住一城，城门高耸入云。
我答应过你，常相思，常相聚。

而天命难违，那天凌晨，
青苗遭寒霜，你香消玉殒。
志操精果谓之诚；你们精诚之至，
山河为之动容，天地为之变色。

只有人间浪笑，戏谑成性！

“允矣君子，你答应我的事，还在迟疑？”

17

敆、郃、盍、翕、仇、偶、妃、匹、会，合也。
仇、雠、敌、妃、知、仪，匹也。
妃、合、会，对也。
妃，媲也。

“文王初载，天作之合”——
我们相聚时，骏马、林鸦，
金簪、火把，都记得每一幕场景，
记得我们说过的每一句话。

知己，我还在到处找你，
寻找知音，千百次痛苦、误解，
只因灵魂难相匹配。

18

绍、胤、嗣、续、纂、绥、绩、武、系，继也。

“绍庭上下，陟降厥家。”
我所能继承的，只一束光，照亮窗台。

光在墙上作画，土墙生出金枝，
树根在心底，化成血脉。

我所能接续的，只一阵烟，
烟雨楼台，
柳枝、春燕，又在为谁送别？

19

忥、谧、溢、蛰、慎、貉、谧、顗、颜、密、宁，静也。

静默之时，是什么声音回荡在风中山前？
柳叶轻拨阳光，太阳又钻进山洞贪凉。
睡莲还没睡醒，水帘还挂在山前。
棕貉在冰窟里蛰伏太久，听见滴水成音，
以为冰凌解冻，春天来临！

20

陨、磒、湮、下、降、坠、摽、蘦，落也。

零，余雨也。而今零落的，
　　　　　　　不是雨，
　　　　　　　　　　是梅，
　　　　　　　　　　　　是雪。

你没入雪中，备感温暖。

21

命、令、禧、畛、祈、请、谒、讯、诰，告也。

“殷人尚神，殷礼我能言之。”
神告诉你什么，已变幻心境、语式。
语式是一场雨势，只在溦雨中，
　　轻诉神旨天意。

22

永、悠、迥、违、遐、逖、阔，远也。
永、悠、迥、远，遐也。

永是一种水流形式，流到不流时，
　　天就在水里旋转——
那不是海，是船舶靠岸时，
　　日出映照的江面。

我最近才发现，上岸的人都很孤单。

23

亏、坏、圮、垝，毁也。

“你们拆毁的，三日之内，我必重建。”
而我所重建的，却是生命圣殿。
我的圣殿，倒映在泥土里，
如树根，在泥土中放电。
我的兄弟，我的姐妹，
落花满地，为何无人拾捡？

24

矢、雉、引、延、顺、荐、刘、绎、尸、旅，陈也。

喜鹊架设的鹊桥已连接我们——
我的逆旅正开辟一条心路，
路上行人，都是先人，
春风雨露，朗朗笑声——
“疏缓节兮安歌，陈竽瑟兮浩倡”，
听闻此声，你便欣然前往。

25

尸、职，主也。尸，寀也。寀、寮，官也。

谁来主持祭祀？唯四季少女。
四个孩子手拉手，唱诵生命轮回。
谁来掌灯？
唯有春夜——
春祭曰祠。
草长莺飞，祭祀列祖列宗。

26

绩、绪、采、业、服、宜、贯、公，事也。

“丰水东注，维禹之绩。”
先辈之功业啊，在陆上水中，
如宝塔立于护城河畔，
四面城墙，春色聚拢——
新春之时，画眉鸟日夜轻唤：
“被之僮僮，夙夜在公……”

我于是早睡早起，在水中血中，
重建我的宫殿，我的王国。

27

犯、奢、果、毅、剋、捷、功、肩、堪，胜也。
胜、肩、戡、刘、杀，克也。
刘、狝、斩、刺，杀也。

风萧萧兮易水寒。自从壮士倒下，
　　　　　　　　你们已习惯被斩首、屠杀，
习惯于相互背叛、出卖，习惯沉默、忍受，
　　　　　　　　世世代代，就这样活着活着，
直到血流得太多，污染了森林的颜色……

又一声枪响，但愿这一次倒下的，只是罪恶！

28

肃、延、诱、荐、餤、晋、寅、荩，进也。
羞、饯、迪、烝，进也。

赠你薄礼，为你饯行，兄弟，
我知道你要到很远的地方去。
前方没有引路人，引导你的，只是风沙漠荒，
荒山孤影。可是兄弟，当你看见春天像一只绿风筝，
渺渺飞升，一行人在岩壁之上
扶老携幼，走走停停。那时，你将
获赠美玉，与先辈同行。

29

诏、亮、左、右、相，导也。

诏、相、导、左、右、助，勴也。

亮、介、尚，右也。左、右，亮也。

“王于出征，以佐天子。”
　　　　　　你苦苦奔波，辅助何人？
那人在人间，或荒草墓园，
　　　　　　或存或亡，或尚未出生。

“七月流火，九月授衣。”
　　　我就这样加入陌生人群。
“八月剥枣，十月获稻。”
　　　　　　我在劳作中辅助先民；
耕田酿酒，实慰我心。

30

熙、烈、显、昭、皓、颎，光也。

“无思百忧，不出于颎。”
你如何为琐事忧心，偏离光明大道？
心中烛火，时时闪耀；
山羊藏在洞里，沙沙吃草。
天下唯洁白者，最光明；

唯雪白羊群，晧晧皇皇，穆穆藐藐。

31

劼、巩、坚、笃、掔、虔、胶，固也。
畴、孰，谁也。
晧晧、皇皇、藐藐、穆穆、休、嘉、珍、祎、懿、铄，美也。

“善建者不拔，善抱者不脱。”
尔等摧城拔寨，改造山河？
大河涨水，故园沉没。
你所能固守的，唯有一江春水，半坡红橘。

32

谐、辑、协，和也。关关、噰噰，音声和也。勰、燮，和也。

你在竹林歌吟啸咏，我听见鸾凤和鸣，
在四季风中，从苦难岁月里隐隐传来，
好像分割在海峡两岸，最终阴阳两隔。

雁噰噰而南游，雌雄和乐；我循着你的歌，
找回往昔，暗夜金翅，差池其羽。

33

从、申、神、加、弼、崇，重也。

“釐尔女士，从以孙子。”望子成龙，
龙将逝去。回头看时，已成龙脊——
龙石梁上，白鹤时鸣：“乐只君子，福禄申之。”

34

觳、悉、卒、泯、忽、灭、罄、空、毕、罊、歼、拔、殄，尽也。

一蚕所吐，为忽，十忽为丝，
丝丝入微；微之极，曰妙。
人死如灯灭；星辰泯灭时，
春蚕吐丝，虚无缥缈。

35

揫、敛、屈、收、戢、蒐（搜）、裒、鸠、楼，聚也。

我把秋天捧在手上，将阳光聚在心头，
　　　　它们弯弯曲曲，在清晨结果——
敛物而细谓之揫，细如掌纹，波动深秋。
　　春天上楼，我下楼，我们擦肩而过，

我是秋风，与你常相聚，分享花与果。

36

肃、齐、遄、速、亟、屡、数、迅，疾也。
寁、骏、肃、亟、遄，速也。

推土机停在门前，千年进入倒计时。
祖屋还剩最后一杯茶，
黑屋檐上的鸟儿，还剩最后一只，
它临别前惊恐地望着我，问我迁居何处？
“啊，不如跟你走。”我说。
“何事太匆匆，何故太匆匆！”
鸟儿鸣叫着，蹿入苍穹。

37

壑、阬阬、滕、徵、隍、漮，虚也。

　　墟里升烟，山涧起雾，
沟沟壑壑，隐藏各色虚无。
　　虚是我家，无是我屋。
青烟袅袅，满城空屋，
　　尽是故人亲切的笑容！

38

黎、庶、烝、多、丑、师、旅，众也。
洋、观、裒、众、那，多也。

你们人很多，我不怕，
潜入你们之中，我不是你们。
我与你们原本一致，终于不同——
我是你们本来的样子，
你们看见我，却好像遇见敌人——
知根知底，何故反目成仇？

39

流、差、柬，择也。
战、栗、震、惊、戁、竦、恐、慑，惧也。

“吉日庚午，既差我马。”
我的孩子，既被选中，
何必害怕？
散兵游勇，西风瘦马，
吉日良辰，你就此出发。

40

痡、瘏、虺颓、玄黄、劬劳、咎、悴、瘽、愈、鳏、戮、癙、癵、瘇、痒、疷、疵、闵、逐、疚、痗、瘥、痱、瘅、瘵、瘼、癠,病也。

恙、写、悝、盱、繇、惨、恤、罹,忧也。

伦、勚、邛、敕、勤、愉、庸、瘅,劳也。

劳、来、强、事、谓、翦、篲(彗),勤也。

悠、伤、忧,思也。

怀、惟、虑、愿、念、惄,思也。

"陟彼高冈,我马玄黄。"
征途中,还有什么病痛你没有忍受,
还有什么忧伤,你不曾经历?
"陟彼崔嵬,我马虺颓。"
经过的草原,赠你草药;
经过的村庄,赠你流水。
你在路上忍受的煎熬,本身是一剂灵丹妙药,
洗涤身心,治愈一切病痛。而你心心念念,
忧思缠绕的,只是那初始唯一。
——她有时是一件事,有时是一个人,
这些年是一条江,令我马虺颓、玄黄。

41

禄、祉、履、戬、祓、禧、禠、祜，福也。
禋、祀、祠、蒸、尝、禴，祭也。

日月星落在地上，被谁埋进土里？
三座坟发出三道光，你这就来焚香扫墓。
不是清明，心底一样清澈，
烟火升天，你的心思如小麦成熟。

麦始熟可瀹，故夏祭曰禴。
春祭曰祠，品物少，多文词。
你就此祝福："始杀而尝，闭蛰而烝"；
秋祭冬祭，只在心中完成。

"禴祠烝尝，于公先王。"
焚香祭祖，回报上苍。

42

俨、恪、祗、翼、諲、恭、钦、寅、熯，敬也。
朝、旦、夙、晨、晙，早也。

"有美一人，硕大且俨。"
如嘉树端庄，芳草清鲜。
清晨起床，追逐日影，

踏雪寻梅,敬谨天命。
美人无言,清溪遍野。
美人无形,草木蘿蕭。
虔心敬畏,甘之如饴。

43

治、肆、古,故也。肆、故,今也。

“魂兮归来,反故居些。”
我回故园,已不见故人,
但由此知晓“今日”之由来,
知道古墓、新田意味着什么。

魂归来兮,在新田耕耘,
故人足迹,连着马蹄、羊蹄。

44

惇、亶、祜、笃、掔、仍、肶、埤、竺、腹,厚也。

“柔远能迩,惇德允元。”
厚德载物;我今承载的,无非时间。
世代间隔,如隔壁房间——

邻舍的钟声,敲响许多星球;

串串风铃,装饰我的屋檐。

冰方盛,隔壁仍是魏晋严冬。
窗前文竹,梦释轻霜,心掩虚无。

45

遘、逢,遇也。遘、逢、遇,逆(遻)也。遘、逢、遇、逆(遻),见也。

显、昭、觐、钊、觌,见也。监、瞻、临、涖(莅)、眺、相,视也。

“文王在上,於昭於天”,
你们不信,也看不见。

我不是我,是字里行间,古琴落叶。
我的目光,曾遇见苍颉
和一只孤燕。

“人无于水监,当于民监。”
燕子单飞,灵河在天。

“上帝临女,无贰尔心。”
君子慎独,上帝明鉴。
“眠涤濯,涖玉鬯”,闻香识君,
我从花香酒香,识得先君。

46

孔、魄、哉、延、虚、无、之、言,间也。

无孔不入;“夫孔窍者,精神之户牖也。”
无空不入;空空于我,实实在在。
空隙在枝叶间,空穴在山林里,
空虚在我心间。我在空中自我放逐,
不知自己是哪一缕孤魂,哪一片枯叶。

——因何住进微小缝隙?那里茫无边际,空空如也。

47

瘗、幽、隐、匿、蔽、窜,微也。

“白公奔山而缢,其徒微之。”
我了解他的死因:殉道者常被泥土掩埋,
时光藏匿。
天意怜幽草,墓碑在水边歌吟。
我深知这一切,离我很近——
是脚下泥土,或眼前废墟。

真相真谛,所有隐秘天机——
只须开一个小孔,便洞若观火,玄机四溢。

48

讫、徽、妥、怀、安、按、替、戾、底、废、尼、定、曷、遏，止也。

“悲风徽行轨，倾云结流霭。”
摧枯拉朽的悲伤，让你心如止水，映在荒漠前。
眼前人来人往，或大漠孤烟，
于你于心，有何区别？

亲人离世，世间从此静如止水，空寂无言。

49

烈、绩，业也。绩、勋，功也。
功、绩、质、登、平、明、考、就，成也。

“於皇武王！无竞维烈。”
武王、文王，晨曦、前夜。
微小功业，壮志雄心，
如蚂蚁搬家，开山引渠。

灵泉水渠，涓涓美意，
孜孜不倦，由东向西。
纤夫舟子，齐心协力，
沉船出水，玉秀成实。

50

密、康，静也。
豫、宁、绥、康、柔，安也。

我从字里安静下来，来到干枯的古海——
荒漠白帆点点，波浪轻唤，我听见看见——
那些枯枝、桅杆，风中船歌，
静谧、柔顺，隐含多少辛劳、哀叹。

51

平、均、夷、弟，易也。

云行雨施，天下太平。
我们在平静的自然，休养生息。
不患寡而患不均，不患贫而患不安。
我们一贫如洗，却有雨有云，
在平静的生活里，翻云覆雨。

52

酬、酢、侑，报也。

每一棵树都在风中举杯，

为我斟酒,我深深啜饮,无以回报,
唯有祭祀扫墓,扫清坟头枯叶,
心头荒芜,并以血酿酒,祭奠林间小路!

53

疆、界、边、卫、圉,垂也。
昌、敌、强、应、丁,当也。

保卫疆土,坚守故国——
我的国越来越小,小到一粒沙,一座坟墓。
戍守边陲,固守灵谷——
我的寺庙钟声,常萦绕故土。
墓在海边生长,仙人掌伸出手臂,摘取云朵。

54

浡、肩、摇、动、蠢、迪、俶、厉,作也。

叶子沙沙摇动,我蠢蠢欲动,
山雨欲来,你又能做些什么?
春水转山,你手摇转经筒;
一只野鸭,在河上陪我游泳。

55

骘、假、格、陟、跻、登，升也。

我往上升啊升，升到天上就看见泥土，
天国之泥土，厚厚的乌云。
我只撒几颗莲子，就生出菱陀果。
我不是食莲人，却失却家园故土。
天因此降下来，与心中故园重合。我找到了。

56

迁、运，徙也。

我迁徙了，我走了，像候鸟循环往复，
我走了，我飞了，连同青天旅途。
途中花草，可仍任意采撷——
我日夜奔忙，搬运我的家、我的河。

57

廞、熙，兴也。

大丧，廞其乐器；大礼，无声无息。
我看见天下熙熙，一座黑色山峦，

覆盖着落雪、羊群,是什么在枯木岩石间,
悸动闪亮?——那雪球般滚落的通灵宝玉!

58

栖迟、憩、休、苦、歑(喟)、齂、呬,息也。

“衡门之下,可以栖迟。”
我在枯枝上栖息,城门下栖息,
我在憩庐小憩,石窟里呼吸,
我在苦苦的旅途中,喘一口气,
却在穆穆惠风中,伸展双翼——
“王事靡盬,我心伤悲。”
我在车上马上,栉风沐雨,
在渺渺人生路上,思念母亲。

59

煤、怜、惠,爱也。
娠、蠢、震、戁、妯、骚、感、讹、蹶,动也。

生相怜,死相捐;我们因爱而动,
如惊蛰小虫。无能天下第一,
我们所能做的,无非祭祀荒野,
踩着上帝的足印,“惠而好我,携手同行”。

60

育、孟、耆、艾、正、伯，长也。

艾，历也。历、秭、算，数也。历，傅也。

艾、历、覛、胥，相也。

头生的儿子啊，你最年长最年少，
如提前开的花，大树的根苗。
头生的儿子呀，追念祖先，曾经流尽的血，
在你生命里，找到新的源泉。
头生的儿子啊，你不要生在法老家，
不要生在皇族玉殿。你就生在野外，
马棚、寒窑。没有锦衣玉食，
可你父亲会跟你讲述神话传奇。

61

烈、枿，余也。

“苞有三蘖，莫遂莫达。九有有截。”
我是燃烧的灰烬、余孽，在大树根上，
暖湿的黑夜，生出柔软的蘑菇，痛心的喜悦。

62

卒、猷、假、辍，已也。

求、酋、在、卒、就，终也。

崩、薨、无禄、卒、徂落、殪，死也。

那么多终止，终结在你里面，
那么多玄鸟，朝你飞来。
你是谁？答案悬而未决。
天子崩，诸侯薨，大夫卒，
士无禄，庶人死，日不落。
布谷"不古"，布谷撒种。

63

般、齐，中也。

江分九道，得地势之中。
你住在哪里？废墟殷墟。
墟中人语，你仔细倾听：
荒草丛生，你住在哪里？

64

斯、誃，离也。

“墓门有棘，斧以斯之。
夫也不良，国人知之。”
誃台荒芜，景王无迹。
先君之思，如露如雨。

65

谡、兴，起也。还、复，返也。
宣、徇，遍也。驲、遽，传也。

“秉心宣犹，考慎其相。”
你手捧丹心，沿途宣讲。
羊群听见，纷纷上山；
鸟儿听见，嘛嘛和鸣。
只是人群人群，一哄而散，
只闻风声，不闻回音。

66

蒙、荒,奄也。

“南有樛木,葛藟荒之。”
你就这样掩去自己的影子。
乐只君子;你祝福的孩子啊,
可曾了解你的心思?

“南有樛木,葛藟萦之。”
你或将沉默,祝福影子。

67

厞、陋,隐也。遏、遾,逮也。
征、迈,行也。圮、败,覆也。
荐、原,再也。抚、敉,抚也。

“民有肃心,荓云不逮。”
云且不至,你因何而来?——

此江已非彼江,此园已非彼园,
枯柳残垣,废墟颓败。你来做什么?

我来抚碑看画,告慰前世,安抚来生。

68

臞、脙，瘠也。桄、颎，充也。
屡、暱，亟也。靡、罔，无也。

苦命苦心，苦修苦行。
空空的荒地，满满的幻象。

你藏匿了什么，在每一个山洞，
每一片野草丛中？

灵魂紧贴岩壁，浮生栖落。

飞天飞来飞去，总是空无。

69

干、流，求也。流，覃也。
覃，延也。佻，偷也。

“参差荇菜，左右流之。”
你所寻求的，总在手边漂移。

看不见的水流，是琴声、树叶，
或此时此刻，你轻柔的手指……

70

潜,深也。潜、深,测也。
榖、鞠,生也。啜,茹也。茹、虞,度也。

深深浅浅的,是爱恋或自恋?
爱上自己的少年,笛声溢出水仙。
高情不入时人眼,费尽辛劳所换来的,
只是小人的讥讽,凭它冷风阴雨,侵蚀荒野。

71

试、式,用也。诰、誓,谨也。竞、逐,强也。

“上古竞于道德,中世逐于智谋,当今争于气力。”
而我的身体不行了,已追不上那头奔跑的小鹿,
只能望林兴叹,听呦呦鹿鸣,回想往昔光荣。
啊,我的光荣不再奔跑、竞逐,我逐渐变得
小心谨慎,——我有我的疆域,我的尺度。

72

御、圉,禁也。

“御,祀也。”你就这样小心祭祀,

以避灾祸。在污不染，在祸无殃，
那不是我，是佛，我佛慈悲，保佑我——

“其为官室何以为？冬以圉风寒，夏以圉暑雨。”
我今住进山洞，一任严寒酷暑，浸透心魂。

73

室、薶，塞也。

以薶沉祭山林川泽，以玉蝉祭祀亡父，
先辈早已教会我们敬重泥土——
你埋在地里的梅花伸出鹿茸鹿角，
我藏进土中的玉蝉，在九泉爬上玉树——
埋在土中的世界；无限生灵在黑暗中存活。

74

黼、黻，彰也。

礼服、礼器上，黑白斧形花，
谁来浇灌，谁来摘取？
风雪夜归人，你认出那些幽灵，仍挥动着
斧形花瓣，在雪中开路，风里开山。

75

盖、割，裂也。邕、支，载也。

你们把“厚德载物”写在校训上，
挂在校门前。
德在哪里，物在哪里？
你看那日益上涨的洪水，
淹没了多少祖坟、家园！

76

膂、身，亲也。
恺悌，发也。

与其在深夜流连，不如破晓出发；
先是神游，身体紧随其后——
“齐子恺悌”，你就这样启程，
让身体嵌入影子，影子跟随灵魂。
当先辈的灵魂嵌入身心，
你的生命，便是祖先复活。

77

逆，迎也。

“关东曰逆，关西曰迎。”
而顺流逆流走了很久之后，
你就将自己关进屋里，关入红尘之外，
寂静之中，不顺不逆，不将不迎——
与其迎来送往，不如自来自去，
与自身相处相知，迎送来世今生。

78

替，废也。替，灭也。
速，征也。征，召也。
琛，宝也。探，试也。

“幽王举烽火征兵，兵莫至”；
我见壁上挂灯，山中龙虎，无人相认。
前朝湮灭，宫殿麋鹿出没；
谁又在荒林之夜，吹响号角声？

79

矢，誓也。舫，舟也。
泳，游也。迨，及也。
冥，幼也。降，下也。

船像一支箭，缓缓射出；
你像一只船，满载传说。
传说你曾经回到过小时候，
从那里运出前朝往事，
又将它们一一折叠——

当波浪展开缎子铺盖，
你知道这一切的来源。

80

瘗，幽也。

《瘗鹤铭》沉江，白鹤在江上流连；
你已认不出它们来自哪一时，哪一世……
当残碑出土出世，远古白鹤
在身边徘徊，你可曾听见看见？

81

烝，尘也。

“南有嘉鱼，烝然罩罩”；
鱼在水里，您在土中，悠游长存。
我们在水土之间，祭祀歌吟；
何处淹留？唯荒漠烟尘。

82

饫，私也。孺，属也。
幕，暮也。柢，本也。
窕，闲也。

君王宴请同姓兄弟；
我只请陌生人，当夜色像帷幕一般
缓缓降落，我们欢聚畅饮……
什么也不能长久，不如空中作乐，
忙里偷闲，如枯枝偷来春色，
石榴汲取暮云，并笑道：不要笑啊，
就连我的根本也在土中飘着。

83

囚，拘也。

周文王拘羑里而演《周易》；孔子困陈蔡而作《春秋》；
太史公忍辱负重，“述往事，思来者”；
你囚禁于今世又能做些什么？
沉默、忍受，拘禁、流放，最终让你获得最大的自由。

84

逭，逃也。

我跳出壁画，逃进荒漠——
太美的莲花让我站不稳，
太暗的石窟让我承受不起这辉煌没落。

——是啊，你以为在墙上的世界其实
正在眼前，你每日的劳作里，你的命中。

85

块，墙也。

乞食于野人；野人就举起土块给你吃。

看那土块上还粘着青草，肯定美味。
何况野人的祝福，你要珍视——
其中包含血汗、谷物与转世轮回。

86

将，齐也。济，渡也。
济，成也。济，益也。

你们渡河时，我在船上；
你们下船后，我在河上。
我是船儿，我是河流，
我是流动的季节，变换的色泽——
苦尽无患，度过苦难岁月，
我已无欲无求，但愿再多背几个娃娃，
咿呀学语，撑船渡河。

87

华，皇也。昆，后也。弥，终也。

始一终亥；你就这样眼睁睁看着
先辈逐一离世，而孩童少不更事；
你就这样生在汉字里，草丛中，
感觉像一块残碑，已刻不下更多字迹。
那些流逝的风沙也忍不住回头，

祝愿后世子孙如春草发生。

88

穆穆、肃肃，敬也。肃肃、翼翼，恭也。
廱廱、优优，和也。

“穆穆文王，于缉熙敬止。”
“维此文王，小心翼翼。”
你们廱廱在宫，天下万民，
如蜜蜂嗡嗡，阳春暮春，尽在宫中。
你们呼风唤雨，雕梁画栋，
却不知“空气在颤抖，仿佛大地在燃烧，
暴风雨就要来了”。

89

兢兢、憴憴，戒也。
战战、跄跄，动也。

战战兢兢，如履薄冰，
你不是害怕，是小心。
踉踉跄跄，颤颤巍巍，
你不是恐惧，是有所作为。
前行如溪水，后退若风云——
风云上山，不是撤退，是高兴。

90

晏晏、温温，柔也。

温温其恭，笑言晏晏，
在人群里，宴席间……
有什么委屈不能说出，
幽事欲论却为何郁积心间？
去汤谷沐浴，吕梁畅游啊，
何况你温柔恭敬，已被圣灵注满。

91

番番、矫矫，勇也。桓桓、烈烈，威也。
洸洸、赳赳，武也。蔼蔼、济济，止也。
悠悠、洋洋，思也。

终于，你的威风化成微风，止于青峰。
“江汉汤汤，武夫洸洸”，
云之大军，如烈烈征师；你且静默——
心在其上，悠悠然，洋洋乎？

92

存存、萌萌，在也。

“成性存存，道义之门。”
鼎上文字，如幽草复生；
绵绵若存，萌萌在也。
玉炉不断千秋火，
火中汉字，万古长存。

93

梦梦、讹讹，乱也。

“视尔梦梦，我心惨惨”，
拨开乱草、枯叶，又看见美玉，
存身荒野，出没红尘，温润通灵，
不知从哪儿来，却领我来到另一个世界。

——暗夜幽冥，倚石静思，如临灯盏。

94

俅俅，服也。峨峨，祭也。锽锽，乐也。穰穰，福也。
子子孙孙，引无极也。颙颙卬卬，君之德也。

雨水浸湿田野，润我心脾，生我百谷。
我在田间劳作，河边生长，祭祀祖先。
可惜晚来一步，灰楼门前还在开花，
我的恩师、我的父兄已住进后山野土——
“未知生，焉知死”，我岂能因他
迁居土中而不去拜访？
——沐浴更衣，焚香扫墓，我给故人
写信寄去。火焰飘逸，恩师站在火中，
仪容庄严，衣裳楚楚。

95

丁丁、嘤嘤，相切直也。
蔼蔼、萋萋，臣尽力也。噰噰、喈喈，民协服也。

“伐木丁丁，鸟鸣嘤嘤。”
鸟儿在林间，呼唤知音，
为何你呀，背转身去？
——长亭古道，知交零落；
蓦然回首，烟尘故国。
“伐木丁丁，鸟鸣嘤嘤。”

鸟儿在林间，呼唤亲友，
你何故远去，孤苦飘零？

96

佻佻、契契，愈遐急也。
宴宴、粲粲，尼居息也。
哀哀、悽悽，怀报德也。

“佻佻公子，行彼周行。”
家在哪里？何处怀乡？
父母先王，何处安居？
燕燕栖居，粲粲衣裳。
夜宴寻欢，曙光凄凉。
哀哀黄鸟，浅吟低唱。

97

儵儵、嘒嘒，罹祸毒也。
晏晏、旦旦，悔爽忒也。
皋皋、琄琄，刺素食也。
懽懽、愮愮，忧无告也。

废墟间的电线杆上，残留着
半张广告：“代写诉状”——
你代我写，我替你申冤：
“行迈靡靡，中心摇摇”；

怨毒之深，忧无告也。

98

朔，北方也。不俟，不来也。不適，不迹也。
不御，不道也。勿念，勿忘也。萲、谖，忘也。

天命不御，远离故园。
忧伤只在那一夜，那一夜
埋在土中，生出多少白花，
飞出多少白鹤与思念……
可黑暗还是黑暗；黑云压城，
不道也，勿忘也。

99

如切如磋，道学也。如琢如磨，自修也。
瑟兮僩兮，恂栗也。赫兮烜兮，威仪也。
有斐君子，终不可谖兮。道盛德至，善民之不能忘也。

山涧快乐，好像流水，我不能告诉你；
水边欣喜，好像羊群，我无法告诉你。
君子避世，瑟兮僩兮；
先君之思，赫兮烜兮。

殷 墟

水晶骨骼

我们飞过的夜
都飘进身体
星辰嵌入头颅
照亮未知征途
蓝色的夜
海水浸润水晶骨骼

吊　灯

映入玻璃的吊灯照亮路面
从前积水中的行人走去走来
他们敲窗告诉我：
我们在里面，你在外面

我横躺着

我横躺着
一旦你们竖起来看我
我就复活
站在你们中间对你们说：
你们不要问我
问莲台上的树，它说：
像他不如像你，像你不如像我

闲　着

琴声里飞出的火焰向着天空说什么?
他们说他们的,我们只静静弹拨
弹出的云都回头张望
看我们比朵朵都更闲着

心　碎

我的翅膀都碎了
碎成蓝色海浪在天空波动
我的心都碎了
碎成无数个家你们都来居住
我的墙上已渗出你们的身影
你们还不来,要我等多久
要我碎成什么样你们才满意

哭　声

你们听不见我的哭声我索性不哭了
你们看不见我的身影我索性消失
正在此时,我的莲花生于藕塘,映入墙壁

哭声与笑声水乳交融,我们都是你的过去

站在你荒凉的心底
向你庄严致敬!

顺 序

按照顺序,你先飞
跟着琴声顺着河流的波纹
飞进琴声
化作鸟群

按照顺序,你先飞
我在你身后
梳理你纷乱的羽毛
和旅程

回 音

我们在墓里清谈多少年了
我们的声音敲打着墙壁
如雨打芭蕉,夜落海底
我们谈论的不是什么问题
只是生命的脚步发出的永久回音

奉献者

我在火中养心养鱼
鱼祝福我的身体
我祝鱼儿远走高飞
别说我养不活世界
养不活自己
我本是火的兄弟，鱼的姐妹

墓　穴

我的家真正富有，连墙壁都开花结果
树下马车，山前白虎
在我的窗前行进——
我的窗口啊，涌入真正的风景！

时　间

时间参与作画，你们知不知？
云朵摘掉我的草帽，还我以金翅

时间参与装饰，将肌肤抹黑，
又在我的血中注入晚霞与黎明

朝代更迭，如金蝉脱壳，

你们还沉湎于红粉蟹壳

绿灯笼

绿灯笼、紫玫瑰、黑色向日葵
难得一见，与落霞齐飞
霞光散落处
你小心拾起一束束阳光麦穗
插进瓶中，藏在枕头下面
你的一切辛劳因此都不会白费

度　我

沉默令人充实，埋没令人庄严，
我的宁静、肃穆
一向从石头里来
从山洞里来。洞若观火；
我看见心底微光：珍珠含着大海
海面光影，浮现你的船……
谁来土中，度我出山？

宝　塔

宝塔有时很卑微，像饼干上的糖
表情略显单一，像你像我

佛也是苦苦的，只有孩子能尝出甜味
我的孩子，舔舔泥土，你将得到祝福与欢欣

停一停

停一停，我不怕，就让时间不要走
停在那个危险时刻
停一停
我等着，等刀光剑影临到我头上
你们看我的脸色行事

血　色

你的脸羞红，我的脸被夜色涂黑
夜明珠在我眼中旋转
黑黑的时间被火光映红

你们度过的夜，都藏在洞中我的脸上
我为你们留存的一切
都将献给神明，并注入你们的血液

新　生

还剩一节藕，是你折断的手臂
还剩一缕香，是你迷离的眼神

藏在阴暗洞窟里
千年万年也是一瞬间
看你一眼，我便重获新生

午　梦

躺下就化了，化成江岸
毛茸茸的阳光掀起波澜
躺下就化了，空中秋千，金翅鸟背来黎明

合　一

成双成对，我们侧身向西
看西边太阳冉冉升起
成双成对，我们在夜里；旭日东升，
如我的黑皮肤，你的石榴裙——

石榴有多少颗籽粒
我们就有多少个孩子
我们的孩子，黑沉沉，红莹莹
一如我们相亲相爱，天人合一

版　图

隐约有一幅版图，在空白处

隐约有一片白，只为落雪的缘故
里面的山水你终于听清——
岩石崩裂的声音，伴随着松果成熟

至此，罂粟从原野上，原野从荒草间抬头，
它们仰望的孩童正在天边击鼓——
天雷滚动，落在地上，却是飞雪迎春，
迎来嘉树美人。天雷滚动，落在心里，
尽是光中雪球，一边融化，一边滚落……

车与船并行，路面是原野或流水？
人与神相聚，四周是真实或空虚？

我的宫殿

我的宫殿布满裂纹，河流爬上墙，
河边飞着小虫。我的宫殿，固守童年。
红楼一砖一石并非红尘，乃心底血色。

空　中

你往空中填土，什么也不种。
我在孤松下栖息，渐渐变成石头，
冰冷或炽热。生命的原野，一片鹅黄——
鹅已游来，红掌下面，依旧是泥土。

紫花

紫花在白瓷上打着朵,
紫云在青天婆娑,紫蝴蝶
在静夜飞个不停,香粉弥漫夜空
你从夜里取出一只花瓶
又将自己装入瓶中,顺水漂流

瓷瓶

瓷瓶碎了,飘零一场紫雪
夜空裂了,裂开黑色镜面
我的童年就此回来——
黑镜子背面,蹿出一群小孩

谁说

谁说你不住在瓶中,
谁说蓝山不是曾经的蓝天?
当它随陶轮旋转
世界在你手中都是软软的
可以随意重塑重建

冷　凝

你该冷凝文字
如花瓶收拢陶瓷
汝窑是你的窑洞
半夜醒来
你就躺在其中那个落雪的房间

枯　枝

枯枝断了都长在你身上
岩石崩塌都堆在你眼前
可是什么软软的,从你之中生出来
好像埋在土里的花瓣重又升天,
盛满玉石的古墓被忽然打开

红　树

早晨的风把树吹红
树上的枣嘣嘣落地,冰都碎了
我看见一座山缓缓移动
殷墟向我漂来——
你静立墟中,让人感到温暖

青铜世界

1

饕餮中的那只虎
入土出土
从殷商走到如今
阳光在它身上刻满斑纹
那只虎也出入青铜,抖落满身铜绿
你看出
那是只怀孕的母虎

2

觚里装过的酒,醉过的人都到哪儿去了?
你还这样屹立不倒,醉立不倒
从土里返青,青里返朴,
素朴之中返回原浆原露
注满青铜酒壶——哪个不醉,哪个不醒?
谁没见过重影,恍恍惚惚

3

饕餮盛宴
只留给下一代享用
手举铜爵,心向虚空
酒入愁肠,空入青铜

化作相思苦

4

瓜楞提梁卣
索状提梁
提不起满腹春光
春日里的光芒，透过铜墙
在壶面映出殷商
殷商殷商，可按图索骥
循着斑斑点点，索取串串珠玉

5

扁足铜鼎
直耳，浅腹
你的兽形扁足还在行走
跋山涉水，风雨都落进耳朵
或被你一饮而尽
铜鼎，空空的铜鼎
父传子，子传孙
百世春光，千秋繁华，尽在鼎中
而今晨阳光之火又在烹什么，熬什么？

6

素面素颜，银子化在鼎中
熬炼七次，又做成什么？

银饰戴在公主头顶，云鬓发髻
又飘向何处，嫁与春风？

7

凤鸟跳上盉盖，振翅欲飞
娃娃落在壶面，哭哭啼啼——
盉内传来回音：要飞一起飞
要么留在青铜内，永不分离！

8

鸟钻入山洞，樽里虚空
樽底传来袅袅回音
你举起铜樽
但见樽里飞禽
飞回月宫

9

我清早就立在铜壶嘴上，铜雀说
身后立虎，用力拽住铜壶——
你带我飞，我背你去深山饮水！立虎说
不觉自身已立成铜錾——
我一直在飞呀，你没觉得？铜雀说

10

白鹿孑蜺欂栌,蟠螭俯卧青铜
盘龙神兽,就这样隐身
隐居在日常生活里
我与祖先,日夜相逢

11

编钟响了多少年
编镈上的云纹与时舒卷
萌芽滋生结绳
挂在土中的深海
传来隔世音声

12

九龙衔环,合上穹顶
千古隐秘就盖在里面
并从火中沁出铭文
小虫儿爬进幽暗
重建部落、新村

13

凤鸟不至,河不出图
凤鸟出土,四足生风
兽身鸟首,站在我们之中

冲天翼带我飞上高山
又在林间觅食

14

铜盘双耳
静听颂歌
王朝在青铜里
蟠螭静卧,云雷翻滚
夔纹飘过夏商周
连同列祖列宗,光辉时日

15

棘刺爬满全身
连同蟠螭、蟠虺
你痛不痛?
为何总是忍着?
你代替我们埋在土里
总是含光带雨

玉　器

1　黑封

我不敢在玉器上刻字书写
只敢在荒凉大地捡一根黑树枝

在枯叶下的黑土间
画一些鱼虫,鱼纹和虫纹就这么来的

我不敢在黑色中徘徊
只敢借晨光行走在黑色边缘
晨光如缆绳牵着我,像牵着一头水牛
我在水上播种
波浪经我翻耕,就现出玉色龙纹

2 仙桃

两只仙桃,一对母子
母亲抱着孩子,双双成玉
共生一枝
枝头喜鹊
唤醒一对佛手,一双石榴

3 玉花佛手

你静静生长,将清淡与清香
散布在幽暗中
幽香从哪里来
是佛是手或黑暗本身?

因你而惊慌

4 玉鹿

玉鹿遇鹿
遇见你的时候
你正静卧灵芝丛中
灵芝在时光里并未褪色
因饱含霞光而至今殷红
可是遇鹿玉鹿
已冷凝成玉
将昔日奔跑、疼痛
耳畔清风,一并凝结在玉里
晶莹润泽

5 灵芝玉如意

灵芝与神鸟合一
双双落入碧玉
玉石静下来
你静静隐入人群——
说话也淡淡的
世人不知为什么
总有阵阵烟霞从近旁飞升

6 绿松石母鸽

绿松石母鸽带着松林松涛
飞进玉里石里风中火里
见我高飞,我正栖息

见我栖息，我正高飞

7　玉蝉

终于你落在出生地
元初的黑暗，偶尔被自身照亮
你的光在你里面
树枝命中生长
蝉鸣偶尔在土中回荡

8　玉琮

琮琮冷凝的流水
藏进玉里，化身一种权力
一位国君，你就听他的
听那聚在玉里的回音与光晕
在水边徘徊
直到有一天，注入了你的
灵魂、血液

9　螭虎纹玉璧

玉璧一直在转
玉虎、蟠螭藏进深山
深山早已隐入时轮
二虎对峙
一个上山，一个下山

10 玉哀册

你被丢进深山,弃之荒野
玉片连同上面的文字
只是诱饵
试图钓起山神水仙
愿他们衔起你
珍藏你无处诉说的凄苦哀怨

11 玛瑙花插

你们插花插了千年
花也开,瓶也落
瓶上终于生出花枝
玛瑙花,珊瑚枝
连着松鹤延年,喜鹊登梅

12 簇花玉洗

看见没,花瓣、花筋
盘根错节,花团锦簇间
蟠螭游向洗池
从你笔端游出
或将游进笔墨
祝福你的文字

13 玉炉

还是空的好
没有文字,没有雕花
也没有炉火
还是冷的好,冷冷的,把心都藏到玉里
把玉都化在炉中
炉都冷了
一片冰心只在空中空明

14 玉琮

这是怎样的瑞兽
从玉琮睁开眼睛
瞪着下山猎人
下山少女
这是怎样一双眼睛
望着我们,带着往昔之从容
今日之安宁

15 人形玉

我看不清你的脸,只见透闪石软玉
透出当年你的轮廓
你的心情;我摸不透你的心思
只见透闪石软玉
闪出你当年的心思,纹理清晰

16 透闪石玉璧

素面无纹，转去为玉
转来为石，透闪出的时光
在土中照亮仙人
而今出土
你一时还不适应
仍停留在原处，闪烁、沉思

17 绾发玉冠

那颗头颅已然消失
头发已然消失
空留玉冠长存
玉冠涌出的花瓣
怀念故人——
春风吹开玉花
不为谁开，不为谁落
空悬空寂

18 贯耳玉瓶

从土里伸出耳朵
只因听见幽冥之歌
歌声给我文身
印刻我前世刺绣的花纹

19　螭虎纹玉带钩

螭虎螭虎,钩住一件衣服
抱着一颗灵魂
衣衫飘逝,灵魂低语
隔世都能听清

卷二

汉字神谱

第一章

“吾道一以贯之”

《说文解字》(以下简称《说文》)开篇云:“一,惟初太始,道立于一,造分天地,化成万物。”“一”之后是“元、天、丕、吏、丄、帝、旁、丅”,再之后则出现了“示”(示,礻)。

“示”,古文写作[illegible],《说文》解为:

> 天垂象,见吉凶,所以示人也。从二(古文“上”字),三垂,日月星也。观乎天文,以察时变,示神事也。凡示之属皆从示。

日月星三道光从天而降,世人“观乎天文,以察时变,示神事也”。所有“示”部汉字均属神事(祭祀),与“神”有关。

这一点至关重要。仅从《说文》看,“示”部中连“示”在内的67字,字字包含先民对光明的信仰与崇拜——有一个“示”部汉字,就有一种先民接受天光的方式;每个“示”部汉字,都是一个切实依据与见证——日月星三道光就这样潜入汉字,汇成一条光明血脉,无声无息,并流淌至今,保祐(佑)一个神圣古老的民族,遇难成祥,逢凶化吉。

早在殷商末年,武王伐纣时即宣称:“天视自我民视,天听自我民听”;原来“天人合一”不仅是一种观念,更是我族血脉、基因。王阳明有诗云:“吾心自有光明月,千古团圆永无缺。”——光明不是在与不在,是觉与不觉。从“示”部汉字中,我确信找到了光明信仰——它不是别的,是天光日月星,这种信仰注入汉字血脉,保祐(佑)我族香火绵延至今,万世不绝。若非如此,试想,一种“没有信仰的文明”何以延续五千年而生生不息,历久弥新?

我族信仰,源自最古老的自然崇拜。人类文明发展至今,是否已踏上归去来兮、返璞归真的旅程?爱因斯坦曾说:“未来的宗教是一种宇宙宗教。它将是一种超越人格化神,远离一切教条和神学的宗教。这种宗教,包容自然和精神两个方面,作为一个有意义的统一体,必定是建立在由对事物的——无论是精神,还是自然的——实践与体验而产生的宗教观念之上的。”其实,古老汉字所包含的先民信仰,也正是这种“远离一切教条和神学”“包容自然和精神两个方面”的“宇宙宗教”与自然崇拜——它是神祐(佑)福祉、天人合一,是一种隐藏在古老文字及日常生活中的绵绵祝福与永恒光明。

要证明这一点,只须认识到与神及神事有关的汉字皆出自“示”部,“示”字本身即宇宙天光,自然之日月星。由此可确信,我族先民这种非宗教的信仰丝毫不带迷信色彩,也了无“人格化”倾向与痕迹,它纯粹是生命与自然宇宙之完美结合,故历久弥新,如天光日月星,昔在今在永在。

信仰自在,与生命浑然一体,不知不觉,或已然知觉却并不说出。如孔子曰:“予欲无言”——“天何言哉?四时行焉,百物生焉,天何言哉?”原来我族先民正是如此,“仰则观象于天,俯则观法于地”,将天光日月星,连同草木虫鱼鸟兽之蹄痕印迹一并收藏在汉字里。汉字已经有了——“请看石上藤萝月,已映洲前芦荻花”,为何一定要说出来?

“年来战纷华,渐觉夫子胜。”当宗教信仰冲突、文明及文化冲突愈演愈烈,“予欲无言”,但愿“敬鬼神而远之”。

学生问死亡,孔子说:“未知生,焉知死。”孔子病重,子路请求向鬼神祷告。孔子说:“丘之祷久矣。”“祷”在《说文》中解为:“告事求福也。”孔子这里所说的意思是,与其事到临头用言语祝祷,不如以日常言行暗合神明。

或许我们已经忘了,“上帝”并非外来词,早在“上古之书”《尚书》中就有记载。《尚书·伊训》曰:

惟上帝不常,作善,降之百祥;作不善,降之百殃。

《尚书·泰誓》云:

惟受罔有悛心,乃夷居,弗事上帝神祇,遗厥先宗庙弗祀。

天佑下民,作之君,作之师,惟其克相上帝,宠绥四方。

予小子夙夜祗惧,受命文考,类于上帝,宜于冢土,以尔有众,底天之罚。天矜于民,民之所欲,天必从之。

《诗经》亦云:

无贰无虞,上帝临女。　(《鲁颂·閟宫》)
不显成康,上帝是皇。　(《周颂·执竞》)
有皇上帝,伊谁云憎?　(《小雅·正月》)
皇矣上帝,临下有赫。　(《大雅·皇矣》)

1583年,利玛窦来中国传教。他在做了大量研究之后发现,中国元初的"上帝"与《圣经》中的耶和华本是一体，故将《圣经》中的耶和华神译为"上帝"。日后因受到教会指责，改将"上帝"译为"天主"。在《天主实义》中，利玛窦写道："天主之称，谓物之原。如谓有所由生，则非天主也。物之有始有终者，鸟兽草木是也；有始无终者，天地鬼神及人之灵魂是也。天主则无始无终，而为万物始焉，为万物根柢焉。无天主则无物矣。物由天主生，天主无所由生也。"可见，"天主""上帝"或《说文》中的"一"，"同实而殊号"，本为一体，均为创世之初世界之本源。回想人类社会发展至今，因"名称"不同不知造成了多少深重灾难；尤其是"以神的名义"而发动的"圣战"，古往今来，不知葬送了多少无辜生命，至今仍处于以暴易暴的恶性循环中。

好一个"名"字，并不复杂，却常常误解。先看《说文》："名，自命也。从口从夕。夕者冥也，冥不相见，故以口自名。"这里，口上之"夕"本为月亮，故"名"之本意为，月色昏暗之时，来人看不清，故自报姓名。

关于名与实，杨朱云："实无名，名无实。名者，伪而已矣。"这里的"伪"，意指"人为的"。又说："实者，固非名之所与也。"即名为抽象，实为具体。名为共相，实为个别、个体。杨朱哲学反对命名，故胡适称之为"无名主义"。老子曰："道可道，非常道。名可名，非常名。无名天地之始；有名万物之母。"又说："有物混成，先天地生。寂兮寥兮，独立不改，周行而不殆，可以为天下母。吾不知其名，字之曰道，强为之名曰大。"故"道"与"大"在"有"与"无"之间。《新约·约翰福音》开篇第一句就说："太初有道，道与神同在，道就是神。"这里"道"与"神"互通，而"神"与"上帝"，亦可互换尊名。

孔子强调"正名"，曰"君君臣臣父父子子"，斥责"八佾舞于庭"。而"正名"所言，皆针对现实生活及社会制度中的礼法。至于大道、天道，孔子则选择了一个高于"无名""正名"，亦高于"道"的称呼，曰"一"。

《论语·卫灵公篇(十五)》记载：

子曰:“赐也,女以予为多学而识之者与?”

对曰:“然,非与?”

曰:“非也!予一以贯之。”

今译:

孔子说:“端木赐,你认为我是靠广泛学习而记住所学知识的人吗?”

子贡回答说:“是这样的。难道不是吗?”

孔子说:“不是这样。我一以贯之。”

这“一以贯之”,古今同一,无须“翻译”,关键在“一”。

何晏注云:“善有元,事有会,天下殊途而同归,百虑而一致。知其元则众善举矣,故不待多学而一知之。”其中“元”即元初。《说文》中解“一”:“惟初太始,道立于一”,这也是“一以贯之”之“一”。

而何晏注,源于《易·系辞传》云:“天下何思何虑?天下同归而殊途,一致而百虑。”韩康伯注云:“少则得,多则惑。途虽殊,其归则同。虑虽百,其致不二。苟识其要,不在博求。一以贯之,不虑而尽矣。”用今天的话说,即殊途同归。

孔子担心学生误解,故启发子贡,并告知世人:认知世界,仅靠多读书是不起作用的,博学并不一定能认识真理。想要认知真理天道,唯有“一以贯之”,“同归而殊途,一致而百虑”。如同登一座高山,你从南坡出发,我从北坡出发,一样登顶。登顶则相遇。反之则未得一,不见真理。

《周易乾凿度》云:“孔子曰:‘易有君人五号也:帝者,天称也;王者,美行也;天子者,爵号也;大君者,与上行异也;大人者,圣明德备也。’变文以著名,题德以别操,王者,天下所归往。”“君人”有五种名号,称帝、称王,或称天子、大君、大人。五种名号,指同一"君人"。"其父"也是如此,"同实而殊号"。

《白虎通疏证卷二》云:"帝王者何?号也。号者,功之表也,所以表功明德,号令臣下者也。德合天地者称帝,仁义合者称王,别优劣也。《礼记·谥法》曰:'德象天地称帝,仁义所生称王。'帝者天号,王者五行之称也。皇者,何谓也?亦号也。皇,君也,美也,大也。天人之总,美大之称也。时质,故总称之也。号言为帝何?帝者,谛也。象可承也。王者,往也。天下所归往。……号之为皇者,煌煌人莫违也。"又云:"或称天子,或称帝王何?以为接上称天子者,明以爵事天也;接下称帝王者,明位号天下至尊之称,以号令臣下也。"

《诗·商颂》云:"古帝命武汤。"郑笺:"古帝,天也。"古帝即天,落入人间,化身帝王、天子。本意乃德合天地,天人合一。

总之,古往今来,知"一"者,相逢一笑,殊途同归。不知"一"者,争论不休,以至兵戎相见。如《庄子·天地》引《记》云:"通于一而万事毕。"

回头看,上帝之光,自远古之日从天而降,从"一"而降,落在汉字之中,化为隐秘的光河,"示"部为证。而一条光河,一个"一"字,化解了多少纷争!我族世代受益而不自知。或有知音,如约翰·列侬在歌曲《想象》中唱道:

想象一下,上无天堂,下无地狱,
如果你尝试,这很容易。
我们的上方,只有天空。
想象一下,所有人都只为今天而活。
想象一下,没有国家,这并不太难;
没有杀戮或死亡,也没有宗教。
想象一下,所有人都生活在和平之中;
也许你说我是个梦想者,但我并非唯一一个。

希望有一天,你会加入我们,整个世界将浑然如一。

想象一下,没有独占,我不知你是否可以;
没有贪婪,也没有饥荒,人人情同手足。
想象一下,所有人,分享全世界。
你也许会说我是个梦想者,但我并非唯一一个。
希望有一天,你会加入我们,整个世界将浑然如一。

歌曲落在"一"上。"整个世界浑然如一"(the world as one)之"一","造分天地,化成万物",又垂落日月星三道光。天光注入汉字,将《说文》赐予我们。

当代以色列诗人耶胡达·阿米亥曾在诗中大致这样说:我在罗马露天广场,遇见一位女子在街角等人;我不知道她在那儿等了多久,也不知那个失约的人最终来了没有。而当她死后,上帝像往常一样轻轻撬开她的头,窥探她心上人的名字——可那不会是主的名字,绝不会。因为上帝有各种名字,可以言说的和不可言说的名字。

一如我族先民隐去"上帝",而只说"一"。这种非宗教的信仰,我从汉字中领受了:"一"垂落日月星,就有了"示";由"示"入神,天人合一,贯穿内外光明;"吾道一以贯之"。

第二章

千灯会元

泰戈尔在《生命的实现》中对比了印度与西方文明，认为古希腊文明孕育于城墙，印度文明起源于森林。如此说来，我想，中华文明，起源于河流。《诗经·关雎》云：

关关雎鸠，在河之洲。
窈窕淑女，君子好逑。

这里，河与洲，君子与窈窕淑女，均无确定名字。《毛诗正义》说，“君子”指周文王，但放在诗里并无特指，如江河湖海，本来没有名字。诗云[1]：

细密的波纹我不敢碰，
我知道其中藏着我不认识的字，
和我一样混沌。我在写作中
渐渐变成了不知什么字，
如长江中的鱼，从不知道自己的名字。

1 文中未注明作者的“诗云”，均为本书作者创作。

是人给它们取了名字。神亦如此,如江河湖海、日月星辰,本来没有名字,是各族人民用各自的语言给它命名。我族祖先隐去了神的名字,曰道,曰一。推十合一,天人合一;由此为后世留下辽阔时空,自由天地。时至今日,各种宗教与异域文化精神在汉字天地里如鱼得水,与汉族文化共荣共生,融为一体。“一”是抽象,也是具体;是本源,也是细枝末节。近看模糊,远看清晰,忽远忽近时,浑然一体。

沿江采风多年,我这才认出长江本身正是一个蜿蜒曲折的长长的“一”字,写在大地之上、天地之间,如一脉根茎;两岸青山,如朵朵睡莲;先民由此找到归属,归于天地自然、祖先神灵:他们是一体,一神众灵。这种非宗教的宗教,源于一,归于一,如江水绵延无尽。

假如天地是一本书,各种文明都是其中一页;你一页我一页,一页也是一夜;夜夜群星浮游。人类千差万别,却沐浴一天星河,宇宙万古同一。当各族人民听从故园、祖先召唤,各自回家,彼此间并非背道而驰,反而离得更近,如登山者各行其道,最终有望在山顶相会。

时至今日,人类大同世界的美梦早已破碎,想要寻找完整或“唯一”,不妨逆行。如《道德经》所云:“大成若缺,其用不弊。大盈若冲,其用不穷。”这些年,我正是从废墟瓦砾中觅得家国故园,浑然如一,完好无损。回想上帝“变乱”人类口音和言语,阻止人类共建巴别塔,正是要让各民族人民各自回家,从自身故园及文化差异中,寻求真理。如《红楼梦》诗云:“三春过后诸芳尽,各自须寻各自门。”太多历史教训早已证明:人类各自回家,则天下天平。反之,则将导致灾难性后果。

人类家园从来不是抽象的,灵魂归属也真实具体。如毕加索说:“抽象的艺术并不存在,凡事总得从具体事物开始。”这“具体事物”不仅指身边的人与事,也包含自身所属的文化传统。艾略特在《传统与个人才能》中说:“一个人想要在 25 岁以后,也就是在他的成熟年龄之后,继续创作,就必须对他本民族乃至整个欧洲的文化传统有一个全面的继承和了解。这种了解并非天生所得，须通过长期艰苦努力的学习才能获得。”由此文引导，重读但丁《神曲》，我惊讶地发现，其中引领“我”穿越地狱、炼狱，走进天堂的，既非耶稣基督，也不是某位以色列先知，而是“我”的心上人“贝雅特丽齐”从天堂派来的本民族先知、古罗马诗人维吉尔。但丁在《神曲》中，不仅实现了“传统与个人才能”的完美结合，更开辟了一条“由此及彼”的信仰之路：原来外邦人（“我”）可以由本民族先知（维吉尔）引领，穿越本民族的现实、历史及文化传统，走进天国。

《神曲·天堂篇》写道：

> 那“光的源泉”用光照耀万民，
> 但众人接受的方式各不相同；
> 有多少被照耀的天使，就有多少方式……
>
> 如今，你且看那永恒的“价值”
> 是多么崇高广大，他使自己
> 分裂开来而成为这许多明镜，
> 而他们还像先前那样浑然如一。

无论从天地自然、文化历史或宗教信仰来看，人类都拥有同样的光源——“那‘光的源泉’用光照耀万民”，而各民族祖先接受光照的方式各不相同。

尽管人类彼此千差万别，但抬头仰望，宇宙星空浑然一体。当我族先知、“通灵者”仓颉老先生洞见这一切，便创造了示（示）字，用如此“写意”的思维方式，将上天垂落的日月星收在了汉字里，并以此为源头，引来一道看不见的光河——“示”部汉字，注入我族精神血脉。正如其他民族以宗教信仰、圣典经书接受光明，我族先民则以汉字本身领受天光，并将天光云影及天神祝福的点点滴滴，化在日常生活与生命中，让有心人“不离日用常行内，直造先天未画前”。这是通灵秘径，也是为什么一个貌似信仰缺失的民族能够接地通天，“玉炉不断千秋火，金光常照万年春”。

天光藏在汉字里，你们至今没有发现？浑然不觉间，它已照亮我们数千年。尽管来自外界与本族的恶毒诅咒不绝于耳，却依然无损于“潜龙育神躯”，从苦难与泥沼中缓慢抬头；而今，我又看见白帝城头，白气升腾，祥龙献瑞；河出图，洛出书；远在天边，近在字里行间……“予欲无言”，如先辈心照不宣。

普济禅师在《五灯会元》中说：“世尊拈花，如虫御木。迦叶微笑，偶尔成文。累他后代儿孙，——联芳续焰。大居士就文挑剔，亘千古光明灿烂。”

昔日“五灯会元”，而今千灯合一。灯有别，光如一，一神众灵。人类沐浴天光，又何须“争光”？“争光”不如“真光”，浑然如一，普照万民。

庄子说：“其分也，成也；其成也，毁也。凡物无成与毁，复通为一。”即万物无所谓分合成毁；分也是成，成也是毁，唯有达者“复通为一”。如老子说：“昔之得一者：天得一以清，地得一以宁，神得一以灵，谷得一以盈，万物得一以生，侯王得一以为天下贞。其致之。”

古印度《奥义书》说：“真神只有一个，圣人用不同的名字称呼他。”

光，《说文》解为：“明也。从火在人上，光明意也。”古文“光”字，即人跪地，手持火把，本身即我族先民光明崇拜之例证。这“光”自古在人头顶之上，故为天火天光。

现如今，手握千灯，仰望天光，我辈正要破除愚暗，现大光明。

第三章

“经史传世，江河不废”

一友问：“读书不记得，如何？”王阳明先生回答：“只要晓得，如何要记得？要晓得已是落第二义了。只要明得自家本体。若徒要记得，便不晓得；若徒要晓得，便明不得自家的本体。”如果说“自家本体”，是指一个人或一个民族的精神本源，我想，我族精神本源珍藏于汉字所载之经史实录中。章太炎先生说：“历代才智之士，读经史有所收获，并付诸实践，建功立业者，不胜枚举；而鲜有以考古所得而沾沾自喜者。”现如今，一批考古学者手持龟甲，总有“新发现”，并以此为依据，否定经史，其造成的恶果，是灾难性的。

其实，甲骨文本身是古代先民占卜之文字。比如，据考证，有龟甲上刻字占卜，问商王外出巡猎，会不会有灾难发生。以龟甲占卜，原本是我族先民与天地交汇、和神灵相通的有力证据。研究甲骨文，从先民占卜之术探究其现实生活与精神世界，显然是很有意义的。但是，如将甲骨文作为依据，并以此为标准，“匡正”经史，“纠正”《说文》，则将陷入严重谬误。在这一点上，章太炎先生早就提醒世人：“经史实录，不应无故怀疑。”因其所根据，“一为官吏之奏报，二为史臣所目击，三为万民所共闻，事之最可信者也”。当年章先生的担忧，在今日不幸成为现实：如今，人们宁愿相信器物，相信所谓“专家学者”的推断臆测，也不愿遵从历代经史，着实愚蠢、可悲。章太炎先生早就说过，器物本身，真伪难辨；何况文物造假，自古有之。《韩非子·说林》中就记载了齐国攻打鲁国，欲求谗鼎，鲁人就造了一只假的送过去。试想，若类似赝品不幸落入当代“专家学者”手中，又不知将“改写”多少历史，“填补”多少“空白”！

这些年沿江采风，遇见一些正在开挖的古墓，也接触到一些考古专家，我惊讶地发现，他们对埋在地下的一切更感兴趣，面对眼前即将沉没的古镇则无动于衷。对于活人活物，一问三不知，只说：“我们是考古队的。”的确，近年来，一系列重大考古发现令人震惊，与之相伴的，则是对史书的质疑。仿佛不颠覆历史，不足以证明考古发现之伟大。这样轻易相信一座古墓，并以此为依据怀疑自古以来的文字历史，不仅未对中华文明做出贡献，反而起了破坏作用。

据说晋之武库藏有孔子履、高祖斩蛇剑和王莽头。可是后来武库失火，把这三样宝物都烧了。章先生质问：孔子的鞋子上并没有刻着“孔子”字样；高祖剑上也不知有铭文否；王莽头上，当然不至于刻字。这样又如何断定这三样一定是真的？武库一把火烧了之后，难道孔子、高祖及王莽的事迹就此消失，渺茫不可知了？

如今，随着古墓出土，大批龟甲、铭文落入少数“专家学者”手中，一些人以此反对经史实录，就连《说文》也不放过，认为许慎君这里不对，那里也错了，而他们手中掌握的，只是那几片不知从何而来的钟鼎、甲骨。诚如章太炎先生所言：“今人反对许书者，多以钟鼎、骨甲为辞，不知叔重去古籀通行之时，仅二三百年，师师传授，信而有征。”在《说文》序言中，许慎君早已指出人“不知不问，人用已私”之病，故此总结道：

> 盖文字者，经艺之本，王政之始，前人所以垂后，后人所以识古。故曰：“本立而道生”，“知天下之至啧而不可乱也”。

即文字才是五经六艺之根本，是王政的开始，是前人传于后人、后人认识古人的依据，所以说："根本的东西建立起来，大道才会产生。"即便全天下的人都来指责，我们也不能乱了方寸，丢失根本。

幸得此言。我辈当看清当今学界之乱象。比如在《〈说文〉部首形义新证》一书中，作者董先生便根据殷墟甲骨文认为："小篆'示'字上部的'二'既不是'上'，下面'三垂'也不是用来代表日月星，其小篆结构是由独体象形不断线条化和加饰笔形成的，许慎对'示'字的形意分析不可信。"这是书中原话。在此书中，通篇尽是以甲骨为"新证"，认为《说文》中"许慎的解释不可从""不可取""不可信"的字样，比比皆是。如此望文生义，与《说文》序言提到的情形十分相似：有人以"馬头人"为"長"；"人持十"为"斗"；以为"蟲"者，"屈中也"。此等"蔽其希闻，不见通学"者，正所谓舍本求末，不明"自家本体"，而将一以贯之的《说文》整体拆解成一盘散沙，一片废墟。

说到底，汉字所载之经史实录，为我族"自家本体"；《说文》及《尔雅》，又是汉字根基；"明得自家本体"，不妨由此根源开始。

重读《说文》《尔雅》，我发现了一条光明之河。

第四章

《尔雅》中的精神线索

《尔雅》是中国第一部汉语字典。尔为近,雅为正。“尔雅”即“近正”,就是以正言、雅言来规范统一方言古语。相传《尔雅》为孔子门人所作,也有说是周公所作,之后孔子及其弟子做过增补。《西京杂记》有云:

> 郭威,字文伟,茂陵人也,好读书,以谓《尔雅》周公所制。而《尔雅》有张仲孝友。张仲,宣王时人,非周公之制,明矣。余尝以问杨子云,子云曰:孔子门徒游夏之俦所记,以解释六艺者也。家君以为外戚传称:史佚教其子以《尔雅》。《尔雅》,小学也。又《记》言:孔子教鲁哀公学《尔雅》。《尔雅》之出,远矣。旧传学者,皆云周公所记也。张仲孝友之类,后人所足耳。

郭璞《尔雅 · 序言》所云:“《尔雅》者,盖兴于中古,隆于汉氏。豹鼠既辩,其业亦显。”无论《说文》《尔雅》,皆缘于仓颉造字。荀子说得好:“好书者众矣,而仓颉独传者,一也。”

这个“一”字,用心体会,与其说是收集整理,规范统一,不如说是一个人,凭着一颗心,一以贯之,一气呵成。

《说文解字 · 序》载:

黄帝之史仓颉，见鸟兽蹄迒之迹，知分理之可相别异也，初造书契……仓颉之初作书，盖依类象形，故谓之文。其后形声相益，即谓之字。文者，物象之本；字者，言孳乳而寖多也。

纬书《春秋元命苞》曰：仓颉"龙颜侈侈，四目灵光，实有睿德，生而能书。于是穷天地之变，仰观奎星圆曲之势，俯察龟文鸟羽山川，指掌而创文字，天为雨粟，鬼为夜哭，龙乃潜藏"。可见仓颉是一位"通灵者"，如上古先辈，仰观天象，俯察大地万物，并领受神灵旨意而创立汉字。相对于传统观念认为的，汉字之创立是数千年来劳动人民的辛苦积累，我更愿意相信经史所载：汉字乃仓颉独创——作为民族先知，仓颉与神灵交通，并领受了天神祝福、上帝之光。

追根寻源，不妨从《尔雅》开篇，寻找汉字初始。《尔雅·释诂》第一行云：

初、哉、首、基、肇、祖、元、胎、俶、落、权舆，始也。

初，裁衣之始。哉，草木之始。首，头也，身之始。基，墙始筑也。肇，始开也。祖，宗庙之始。元，善之始。胎，人成形之始。俶，动作之始。落，木叶陨坠之始。权舆，天地之始。所有这些，均为具体初始，最终归纳为抽象之"始也"。

《尚书·康诰》云："惟三月哉生魄，周公初基，作新大邑于东国洛。"孔传："周公摄政七年三月，始生魄，月十六日，明消而魄生。"这里"哉生魄"，指农历每月十六日，此日月始缺，即始生月魄。月魄，指月黑无光的部分。

《诗·大雅·既醉》："令终有俶，公尸嘉告。"即好结局必有好开端，先王替身，祝辞美好。俶，开始。尸，祭祀时，以生者代替祖先形象。

《诗·周颂·访落》:"访予落止,率时昭考。"访,指谋划,商讨。落,指开始。止,语气词。率,即遵循。时,指是,这。昭考,指武王。即成王即位之始,遵循武王之道,与群臣商议国事。

《诗·秦风·权舆》:"於我乎,夏屋渠渠,今也每食无余。于嗟乎,不承权舆!"即我呀,回想从前,高居大厦。而今每餐无余,感叹有始无终!

中古时期,统一的国家尚未形成,各国各有方言。同一事物,名称不同,表述各异。《尔雅》正所以"通诂训之指归,叙诗人之兴咏,揔绝代之离词,辩同实而殊号者也"(郭璞序言)。统一方言俚语,是各种语言文字在其形成与发展过程中的必经之路。每种成熟的语言,都曾反复经历兴起、爆发、归纳、总结的过程。如长期墨守成规、因循守旧,语言文字的发展必陷入停滞、僵化;反之,如不及时规范统一,则成一盘散沙。

对比《尔雅》与《说文》,可见后者是在前者基础之上,通过对字形、字义之归纳总结,逐步完善形成的。如《尔雅》中各种"初始",在《说文》里被"推十合一"而成"惟初太始,道立于一,造分天地,化成万物"——不仅是对"一"的解释,更是我族的"创世记"开篇。相比于其他各民族的"创世记",没有比这更简练、传神的。

在初始之后,《释诂》又云:

> 林、烝、天、帝、皇、王、后、辟、公、侯,君也。

林,《说文》:"平土有丛木曰林。"

烝,《左传》:"天生烝民,树之以君,而司牧之。"

帝,《白虎通》:"德象天地称帝。……帝者,谛也。象可承也。"

如《说文》在"一"之后又出现:

元,始也。从一,从兀。

天,颠也。至高无上。从一大。

丕,大也。从一,不声。

吏,治人者也。从一,从史。

丄,高也。此古文上,指事也。凡丄之属皆从丄。

帝,谛也。

旁,溥也。

可见“元初”“创世”后,《尔雅》《说文》均现天帝、君王、皇帝、公侯——天地人间之最高统治者。随后,《释诂》陆续引出传承祖先、祭祀神明之精神线索:

绍、胤、嗣、续、纂、緌、绩、武、系,缵,继也。

绍,《说文》:“继也。”继续、传承之意。《诗·周颂·访落》云:

访予落止,率时昭考。
於乎悠哉,朕未有艾。
将予就之,继犹判涣。
维予小子,未堪家多难。
绍庭上下,陟降厥家。
休矣皇考,以保明其身。

诗歌大意为,成王即位,召集群臣,朝武王庙,宣誓效忠武王英灵,遵循先辈之道,并求武王保佑。其中“绍庭上下,陟降厥家”,即传承武王法度,任人合理,赏罚分明。

今译:

初议国事，遵循先王。

瞻望弗及，因涉世未深。

众望所归，犹恐涣散。

朕年幼无知，怎堪家国多难。

唯承先王，赏罚任免。

愿先王保佑，后世太平。

胤，后嗣。《说文》：子孙相承续也。

纂(zuǎn)，继承。假借，缵。《说文》：缵，继也。

绥(ruí)，《说文》：系冠缨也。

武，《尔雅·释训》：武，继也。《诗·大雅·下武》云：

下武维周，世有哲王。三后在天，王配于京。

王配于京，世德作求。永言配命，成王之孚。

成王之孚，下土之式。永言孝思，孝思维则。

媚兹一人，应侯顺德。永言孝思，昭哉嗣服。

昭兹来许，绳其祖武。于万斯年，受天之祜。

受天之祜，四方来贺。于万斯年，不遐有佐！

整首诗的主旨，即后人传承先王遗志，绵延不绝。这里的"武"，为继承之意。

今译：

继承祖先的人唯有周邦，世代都有贤明的王。三位先王在皇天，武王建都镐京城。

武王建都镐京城，世代美德合先祖。立志永世承天命，成王可信。

成王可信，为下界表率。永言孝思，孝行可学。

爱戴成王，应侯顺德。永言孝思，光耀后世。

后世诚服，继承先祖。绵延万世，受天之祜。

受天之祜，四方来贺。万年不绝，众心辅佐！

《释诂》还包含祷告、进献与祭祀：

命、令、禧、畛、祈、请、谒、讯、诰，告也。

《诗·唐风·扬之水》云：“扬之水，白石粼粼。我闻有命，不敢以告人！”这里的“命”指命令，政令。

禧，《说文》：礼吉也。

畛(zhěn)，祝告。《礼记·曲礼下》：“临诸侯，畛于鬼神。”郑玄注：“畛，致也，祝告致于鬼神辞也。”

谒，禀告。

诰，告也，用于上对下。

《释诂》云：

羞、饯、迪、烝，进也。

羞，《说文》：进献也。《周礼·天官·笾人》：“凡祭祀共其笾荐羞之实。”郑玄注：“荐羞，皆进也。未食未饮曰荐，既食既饮曰羞。”《左传·隐公三年》：“可荐于鬼神，可羞于王公。”

饯，用酒食送行。《仪礼·士虞礼》：“献毕未彻，乃饯。”郑玄注：“饯，送行者之酒……故饯为践。”

迪，《说文》：道也。以道而进。

烝(zhēng)，《说文》：火气上行也。《诗·小雅·甫田》：

倬彼甫田，岁取十千。

我取其陈，食我农人。自古有年。
今适南亩，或耘或耔。
黍稷薿薿，攸介攸止，烝我髦士。

以我齐明，与我牺羊，以社以方。
我田既臧，农夫之庆。
琴瑟击鼓，以御田祖。
以祈甘雨，以介我稷黍，以榖我士女。

此为祭祀田地农神之歌，今译：

田野辽阔，岁取万斤。
我取陈谷，供养农人。自古有年。
今往南亩，锄地培土。
黍稷茂盛，优哉游哉，献予田官。

五谷盛满祭器，敬献羔羊，祭祀土地，享以四方。
我田丰美，农夫欢庆。
琴瑟击鼓，喜迎田祖。
祈求甘露，滋润我稷黍，以养我士女。

诗之后续：曾孙前来，男女老少同欢庆，共同祈望幸福永驻，万寿无疆。可见先辈由祭祀献礼，并置身于田地四方。“祭如在”；读此诗如重归“莆田”，与祖先一同颂歌祈雨。

《释诂》云：

尸、职，主也。尸，寀也。

前者为动词，即主持、掌管（祭祀仪式）；后者为名词。郑玄注："尸，主也。孝子之祭不见亲之形象，心无所系，立尸，而主意也。"即在祭祀中，生者站立，代替死者形象，让孝子如见亲人，否则心里无所寄托。立尸，象征生者与死者重逢，相互告慰。

《释诂》另有一束光，源自列祖列宗：

缉熙、烈、显、昭、皓、颎，光也。

缉熙，即光明。《诗·周颂·敬之》云：

敬之敬之，天维显思，命不易哉。
无曰高高在上，陟降厥士，日监在兹。
维予小子，不聪敬止。
日就月将，学有缉熙于光明。
佛时仔肩，示我显德行。

今译：

敬之敬之，唯显天意，天命不易。
别说高高在上，自有苍天，任免良士。
我为小子，唯洗耳恭听。
日积月累，点滴汇聚光明。
愿得天助，成就使命，显现我辈德行。

烈，光明。烈祖，即光荣的祖先。《诗·商颂·烈祖》：

嗟嗟烈祖！有秩斯祜，申锡无疆，及尔斯所。
既载清酤，赉我思成。

今译：

叹我烈祖！自古降福，恩泽无疆，遍布住所。

今奉清酒，祭祀祖先，赐我乐土。

《释诂》亦包含美意及盛大光明：

暀暀、皇皇、藐藐、穆穆、休、嘉、珍、祎、懿、铄，美也。

暀暀（wàng wàng），《说文》：光美也。

《诗·鲁颂·泮水》："烝烝皇皇，不吴不扬。"形容军威肃穆，壮美辉煌。郑笺："皇皇"当作"暀暀"。

皇皇，即煌煌，盛美光明之意。《诗·大雅·假乐》"穆穆皇皇，宜君宜王"，即赞美周宣王"受禄于天"、肃穆辉煌，并且"不愆不忘，率由旧章"，遵循先辈律法典章。

藐藐，庄严美好之意。《诗·大雅·崧高》："寝庙既成，既成藐藐。"

穆穆，肃穆美好之意。《诗·大雅·文王》："穆穆文王，於缉熙敬止。"

《尔雅·释诂》亦包含各种祭祀与祈福：

禄、祉、履、戬、祓、禧、禠、祜，福也。

禋、祀、祠、蒸、尝、禴，祭也。

其中"示"部汉字将于下章细论。根据《礼记·祭统》"凡治人之道，莫急于礼；礼有五经，莫重于祭"，《左传·成公十三年》"国之大事，在祀与戎"，可见祭祀重于礼仪。先民以祭祀为本，超越礼仪及

"五经",回归祖先天地。

《周礼·春官·宗伯》载:

> 大宗伯之职,掌建邦之天神、人鬼、地示之礼,以佐王建保邦国。以吉礼事邦国之鬼神示,以禋祀祀昊天上帝,以实柴祀日、月、星、辰,以槱燎祀司中、司命、飌师、雨师,以血祭祭社稷、五祀、五岳,以狸沈祭山林、川泽,以疈辜祭四方百物,以肆献祼享先王,以馈食享先王,以祠春享先王,以禴夏享先王,以尝秋享先王,以烝冬享先王。

春祭为祠,夏祭为禴(礿),秋祭为尝,冬祭为烝。这里所祭之鬼神、上帝、日月星辰,飌(风)师雨师、山川五岳,均来自"一",归于"一"。只因"一"为惟初太始,道立于一,造分天地,化成众神众灵,而世人分别祭祀——"天子祭天地,诸侯祭社稷,大夫祭五祀"(《礼记·王制》),层级分明,众灵归一。我族先民,崇尚化抽象为具体;由此及彼,在"抽象"与"具体"间任意转换。所祭之人与神、连同自然万物,看似千差万别,实则归一,一神众灵。如一人拜金,不拜抽象之"金",而探寻金、银、铜、铁、锡;拜木,不拜抽象"林木",而拜苍松翠柏,或垂柳依依,或红杉树、白桦林;拜水,无从渴饮"圣水",却畅饮江河湖海、门前清溪;拜火,不拜抽象之"火",却拜灶王、火神,雷电霹雳;拜土,不拜无疆之地,却拜土地菩萨、祖田墓地。一如我族先民,以孝敬父母表达对祖先之敬仰,以祖先崇拜信仰上帝:溯游从之,层叠上升,由此及彼,由父母至祖先,由祖先达上帝或"惟(唯)一"。

这些年沿江而行,在江岸古镇,常见村民在自家门前山岭或田间地头,自己搭建小土地庙,拜关公,拜禹王,拜灶王爷或土地菩萨……我曾一度以为封建迷信,如今回想起来,诸神皆神,哪一位不是"神"的化身?一如今日,我看长江,分明是个"一"字,从天而降,又分身散体。

中国古人云:“人能知一,则天下无不知也。不知一,则无一能知也。”而在我看来,知“一”与认知世界,探寻真理,离不开“敬畏”。《释诂》中,同样隐含着一行“敬”字:

俨、恪、祗、翼、諲、恭、钦、寅、熯,敬也。

俨,恭敬,庄严。《诗·陈风·泽陂》云:“彼泽之陂,有蒲菡萏。有美一人,硕大且俨。”其中“俨”字,表达了作者对美人的怀想与敬思。

恪,恭敬。《尚书·盘庚》云:“先王有服,恪谨天命。”即先王继承先祖,敬畏天命。

祗,《说文》:“敬也。”《离骚》:“汤禹俨而祗敬兮,周论道而莫差。”即大禹庄严肃穆,敬畏神灵,周王实施正道,不差毫分。

翼,谨慎恭敬。《诗·小雅·六月》:“有严有翼,共武之服。”指军队严谨威武,共同保卫国家。

諲,恭敬。“禋”之通假字。

钦,恭谨严肃。《尚书·尧典》:“曰若稽古,帝尧曰放勋,钦明文思安安,允恭克让,光被四表,格于上下,克明俊德,以亲九族。”即追溯远古,帝尧名放勋,他恭敬严明,明察是非,善于治理天下,诚实恭谨,能够让贤,光辉普照四方,惠及天下。能够发现德才兼备之人才,使九族亲和。

寅,恭敬。《尚书·尧典》:“分命羲仲,宅嵎夷,曰旸谷,寅宾出日,平秩东作。”意即命羲仲在旸(汤)谷嵎夷之地,恭敬祭祀日出,以利农耕。

熯,敬畏。《诗·小雅·楚茨》云:

我孔熯矣,式礼莫愆。

工祝致告,徂赉孝孙。

苾芬孝祀，神嗜饮食，卜尔百福。

今译：

我毕恭毕敬，礼节周全。
祭司传话：赐福子孙。
芬芳孝祭，神享饮食，赐尔百福。

这是周王祭祖的乐歌。可见，在汉字元初，"敬"字所包含的，不仅有恋人之彼此敬思，帝王对于国民之恭敬，更有对先民对祖先神灵的敬畏敬拜。

第五章

汉字神谱

偶尔将“示”部汉字连在一起，我发现一条隐秘的光河，由天光日月星汇聚而成，流淌在我族血脉之中，“于万斯年，受天之祜” 。故我称之为“汉字神谱”。

这“神谱”也是“光谱”，源自古文巛(示)字。

有人认为，卜辞中“示”字写作“丅”，是指生殖崇拜。也有人说，“示”字指祭台上的贡品。这些均为主观臆测，并无确切依据。即便“示”字曾于某时某地指先民之原始生殖崇拜，也不能由此认定，这便是一个民族持续的信仰与崇拜；否则，我们只能认定这种信仰、崇拜，要么中断，要么只能作为历史文物，送进博物馆保存。

正如一个人保留自己幼年时期的涂鸦，其纪念意义远大于实际意义。反之，如果以学龄前的涂鸦，或小学作业本上的字迹作为依据，来判断一个人的思想与精神脉络，往往陷入荒谬。因此，正本清源，我们只有回到《尔雅》及《说文》，以经史实录为依据，方能识得大体，找出我族“一以贯之”的信仰及精神血脉，而不至陷入零敲碎打、琐屑以求的考据泥潭。

从《尔雅》到《说文》可以看出，文字和文明一样，在漫长历史中逐渐发展成熟。但根据史书记载，直到有一天，先民之中出现一位通灵者——黄帝之史官、双瞳四目的仓颉先生。可想而知，当他举目仰望，但见日月星垂落三道光，注入人心，照亮万国万民，故将所见之无极上苍，默写成“一”，而将苍天垂落日月星，默写成“示”，由此将光明天河引入汉字，保佑一个神圣民族千秋万世，与光明同在，并祝福祈祷神祐福祉。

天光就在汉字里，如光明之河流淌在血脉中。仰赖天恩祖德，我自幼在汉字之河中沐浴成长，曾一度远走他乡，而今迷途知返，认祖归宗，回归故国家园。沿着“内在的光河”——“示”部汉字一路前行，如“浴乎沂，风乎舞雩，咏而归”。

祜(hù)，上讳。

《说文》中隐去了这个字，因许慎与汉安帝刘祜(号恭宗)(94—125)生于同时代，卒于汉安帝之后。按古礼，先君、皇帝、祖上及父亲的名字均忌讳提及，以示敬畏。后人在《说文》中添加此字，并注“上讳”二字。按段玉裁注释(下文简称“段注”)：“言上讳者五：禾部秀，汉世祖名也。草部莊，显宗名也。火部炟(dá)，肃宗名也。戈部肇，孝和帝名也。祜，恭宗名也。”

依照《尔雅 · 释诂》：“祜，福也。”古人认为，福自天降，天神赐福。而“祜”中有“古”，意即从来如此，自古有之。故从示，从古声。

《诗 · 小雅 · 信南山》云：

信彼南山，维禹甸之。
畇畇原隰，曾孙田之。
我疆我理，南东其亩。

上天同云，雨雪雰雰，益之以霡霂。
既优既渥，既霑既足，生我百谷。

疆场翼翼，黍稷彧彧。

曾孙之穑，以为酒食。
畀我尸宾，寿考万年。

中田有庐，疆场有瓜。
是剥是菹，献之皇祖。
曾孙寿考，受天之祜。

祭以清酒，从以骍牡，享于祖考。
执其鸾刀，以启其毛，取其血膋。

是烝是享，苾苾芬芬。
祀事孔明，先祖是皇。
报以介福，万寿无疆。

今译：

看那南山连绵起伏，都是大禹治水的功绩。
洼地平整，高坡均匀，子孙在此劳作耕耘。
划界开渠，规整田亩，南北东西。

冬日上升，云气交融，
雪片雰雰，细雨霡霂。
雨水充足，浸润田亩，
泥土保墒，生我百谷。

疆场翼翼，黍稷郁郁。
子孙丰收，酿酒烹食，
献予神尸，保佑子孙，

福寿万年。

田中有庐，疆埸有瓜。
剥瓜精酢，献与皇祖。
子子孙孙，上天赐福。

祭以清酒，献上公牛，
祭祀先祖，祖先享受。
手持鸾刀，去其皮毛，取其血膋。

冬祭曰烝，进献牺牲。
芳香迷人，祭祀周详。
赞颂先祖，保佑子孙，万寿无疆！

在此，“祜”字将我引入《诗经》，如此后“示”部汉字，自携日月星，将引领我们，重返远古旷野，发现祖先之光明足迹。

而今，祖田仍在脚下；仰面朝天，依旧“雪片雰雰，细雨霢霂”。一些古语在我看来，只需认识，不必“今译”，“今译”反倒生分了。而一旦认知，如失散亲人久别重逢，我们与这些古字词一并获得新生。与其说是我们激活了它们，不如说是它们救活了我们。何况一些《诗经》或古文中的表达，与现代汉语无异，如上文所言“祭以清酒”“持其鸾刀”“万寿无疆”，何人不懂，何必翻译？难得古今合一，缘何硬要拆分？

重读《信南山》，我有幸加入先民祭祀行列，于祖田之上供奉牺牲；亦如“曾孙寿考，受天之祜”。

《小雅·桑扈》又云：“交交桑扈，有莺其羽。君子乐胥，受天之祜。”这里的“桑扈”是一种鸟，又名窃脂、清雀，爱吃粟米、稻谷。周天子宴请诸侯的欢乐场景在诗中重现，如桑扈在天，欢乐啼鸣；君子受天之祜，得上天赐福。

《鲁颂·泮水》云："允文允武，昭假烈祖。靡有不孝，自求伊祜。"即庆功之时，报告列祖列宗，我辈没有不孝，求上天祝福。又如《鲁颂·閟宫》云："上帝是依，无灾无害。"原来我族先民，自古祈祷上帝赐福，免于灾害。

《汉书·礼乐志》："九重开，灵之斿。垂惠恩，鸿祜休。"《后汉书·蔡邕传》："天隆其祜，主丰其禄。"其中"祜"字，均为天赐之福。

嵇康《幽愤诗》云："嗟余薄祜，少遭不造。"即自叹幼年丧父，命薄福少。

诗云：

古船停泊福地，夕阳长草。
墓碑帆一样，在草丛中飘摇。
受天之祜，耕耘祖田，
与先民一同祷告——

"丘之祷久矣"；
山丘亦如是祝福祈祷。

礼（禮），履也。所以事神致福也。从示，从豊。

《礼记·祭义》："礼者，履此者也。"

《荀子·大略》："礼者，人之所履也。"

《尔雅·释言》："履，礼也。"

对照《说文》，"礼"之本义原为：身体力行，事神致福的具体实践及行为。

在人世间，"礼"含退让之意。相传帝尧时，巢父隐居深山，年老时以树为巢，帝尧要将天下让给他，他不接受；之后又让给许由，许由亦不受而隐居箕山。“箕山之志”由此成为隐居全节之美称。如《礼记·曲礼》云：“道德仁义，非礼不成；教训正俗，非礼不备；分争辨讼，非礼不决；君臣上下，父子兄弟，非礼不定；宦学事师，非礼不亲；班朝治军，莅官行法，非礼威严不行；祷祠祭祀，供给鬼神，非礼不诚不庄。是以君子恭敬撙节退让以明礼。”到了周代，伯夷与叔齐逃进首阳山采薇，直至饿死仍“耻食周粟”，只因周武王“父死不葬”“以臣弑君”，不孝不仁。孔子赞伯夷、叔齐：“求仁得仁，又何怨乎？”

置于天地间，“礼”为“示”部，形似一人跪地，礼拜天光。豊被认为是甲骨文“礼”字。

“豊”为奉神之器，供奉神灵之行为，称之为“礼”。这与“礼”归“示”部之后一致。从“礼”字即见出，先民早已找到信仰，依附天神，跪拜日月星。故“君子恭敬撙节退让以明礼”。因此，日后在人际关系上体现出的“礼”字，原本表示的是人与神的关系。所以孔子说：“礼云礼云，玉帛云乎哉？乐云乐云，钟鼓云乎哉？”

《白虎通·礼乐》云：“礼乐者，何谓也？礼之为言履也。可履践而行。乐者，乐也。君子乐得其道，小人乐得其欲。王者所以盛礼乐何？节文之喜怒。乐以象天，礼以法地。”

礼乐，原本象天法地，交通天地神灵。那些玉帛，原本沟通生死，供奉神灵。那些钟鼓，原本祭祀祖先，赞美上天。

“礼”含天光，故此，我们彼此间的礼貌、礼节、礼尚往来，连同互赠之礼物礼品，无不包含上天祝福。孔子心心念念“克己复礼”，也并不仅仅指恢复周礼，更在于祈望我族“事神致福”，并通过人与人之间的礼让、礼节，传承祖先文明，实现仁义与仁爱之心。

冯友兰先生认为，“圣人的最高成就是个人与宇宙的同一”；中国哲学的任务正是将“出世”与“入世”、现实主义与理想主义，这些对立的“反命题”统一成一个“合命题”。

其重要表现形式，我想，正是履行实践，“事神致福”——“生，事之以礼；死，葬之以礼，祭之以礼。”由此将现实生命与灵性世界结合，在有生之年，为祖先神灵做奉献服务。

当代神话学家坎贝尔在《指引生命的神话》中说：“神话是仪式的精神支持，仪式是神话的物质规定。”“礼仪让文明得以幸存”，而破坏礼仪是人类正面临的一场灾难，“因为仪式和礼仪，是所有文明的构建形式”。所以，孔子说“安上治民，莫善于礼”。

诗云：

禮

你说：“神去了，留下躯壳曰礼。”
我送你一件礼物，神灵即刻回归；
日月星隐含其中，“投我以木瓜，
报之以琼琚”；匪报也，
一颗心，永以为好，
一个字，天光永照耀。

禧(xī)，礼吉也。从示，喜声。

《尔雅·释诂》曰：“禧，福也。”

礼神所获，行礼获吉。故从示，“喜”有“吉”义。

《周礼·秋官》曰：“贺庆以赞诸侯之喜。”“禧”与“喜”声与义同源。

隋牛弘《先农歌》云：“恭神务穑，受禧隆祉。”

宋陶弼《黄陵庙》云：“楚民亡水旱，箫鼓谢神禧。”

王令《古庙》云：“工鼓于庭巫舞衣，祝传神醉下福禧。”

《明史·乐志》云：“一诚尽兮予心怿，五福降兮民获禧。”

故“平安喜乐”，亦可写作“平安禧乐”。

世俗欢喜与灵性禧乐看似不同，终因“礼神获吉”而合为一体。

诗云：

你受洗，我受禧；

喜鹊从天而降，衔来日月星。

你不必惊讶，只暗自惊喜：

喜上眉梢，新人新禧，礼神获吉。

禛（zhēn），以真受福也。从示，真声。

段注：此处"声与义同源"，"会意、形声两兼"。如上文"禧"字，右半边既为发音，也是字义。而"真"在《说文》中解为："仙人变形而登天也。"

从古至今，天光同为日月星，照亮万国万民。

法兰西谚语说："伟大的精神，总能相遇。"《红楼》作者自云"曾历过一番梦幻之后，故将真事隐去，而借通灵说此《石头记》一书也，故曰'甄士隐'"。真事隐去之后，又将现出怎样的真实？

诗云：

甄士隐或将真事隐去，

真隐士或真士隐？

以真受福，洞破愚暗，

你所领受的大光明往昔变形登天，

今日重临大地——

一种禛，以真受福；

一个人，得真如太虚。

禄,福也。从示,录声。

“录”有福泽之意,声与义同源。先民以为福自天降,禄乃神赐,故从示,即有天光侧隐。

《诗·大雅·既醉》云:“其胤维何?天被尔禄。”即其子孙如何?自有上天赐福。

《诗·大雅·旱麓》云:

瞻彼旱麓,榛楛济济。
岂弟君子,干禄岂弟。

瑟彼玉瓒,黄流在中。
岂弟君子,福禄攸降。

鸢飞戾天,鱼跃于渊。
岂弟君子,遐不作人?

清酒既载,骍牡既备。
以享以祀,以介景福。

瑟彼柞棫,民所燎矣。
岂弟君子,神所劳矣。

莫莫葛藟,施于条枚。
岂弟君子,求福不回。

今译:

看那旱麓，榛楛茂盛。
君子和乐，内心得福。

看那玉勺，祭酒金黄，
君子和乐，福禄攸降。

恶鹰远去，鱼跃深渊。
君子祥和，造就新人。

清酒斟满，公牛献上。
供奉神灵，祈求洪福。

柞树棫枝，焚烧祭祀。
君子平和，神灵慰劳。

青藤缠绕，密布枝条。
君子和乐，以正道求福。

先民认为，福禄源自上天，故以正道求福。

《左传·成公八年》："三代之令王，皆数百年保天之禄。"

《战国策·赵二》："臣无隐忠，君无蔽言，国之禄也。"

《汉书·董仲舒传》："善治则灾害日去，福禄日来。"

以上三者，一为上天赐福，二为国之福禄，三为人民幸福。

记得当年在云南旅行，遇见两位来自印度的灵性导师，向我传印度教，并劝我出家，跟他们一同去印度，为 Krishna（印度教神灵）做奉献服务。我说："我没有旅费，没法跟你们一起去。"灵性导师说："我们可以资助你。"我说："不能用你们的钱，这样不好。"灵性导师说："这不是我们的钱，都是 Krishna 的钱。人在世上，一无所有；一切荣耀、财富,都是 Krishna 所赐予。”我想,这正是“禄”之本意。

Krishna(古印度人这样称呼他们的神灵),也是神的一个名字。就像“月亮”,法国人称为 la lune,英国人称为 the moon,我们叫它“月亮”。名称不同,体会各异,但所指乃同一天体。

福自天降,禄本天赐;而世人常忘了这一点,变成“禄蠹(dù)”,由他自己负责。

诗云:

今风尘碌碌,一事无成,
幸有禄自天降,滚石发光,
小鹿穿山越岭。福禄是一头福鹿,
埋头吃草,啜饮天光。
而禄蠹饥肠辘辘,不如鹿肚,
里面青草鲜美,野花芬芳。

禠(sī),福也。从示,虒声。

虒(sī),《说文》“虎”部云:“委虒,虎之有角者也。”“虒”,传说中的瑞兽。

张衡《东京赋》云:“冯相观祲,祈禠禳灾。”即观天望云,祈福消灾。

如何祈福?“及将祀天郊,报地功,祈福乎上玄,思所以为虔。肃肃之仪尽,穆穆之礼殚。然后以献精诚,奉禋祀,曰:‘允矣,天子者也。’乃整法服,正冕带。”

张衡《思玄赋》云:“汤蠲体以祷祈兮,蒙厖禠以拯民。”蠲,洁也。《尔雅》曰:“厖(máng),大也。禠,福也。”即沐浴洁身以祈祷,蒙洪福以救民。

诗云：

老虎老虎，身披锦袍；
锦绣天意，自降荒郊。
老虎老虎，听闻号角；
祈褫禳灾，低吟长啸。

祯(zhēn)，祥也。从示，贞声。

福祉之称。祯祥福祉皆由神赐，故从示。又有忠贞不贰之意。忠贞不贰者，终获天神赐福。故祯从贞声，声与义同源。

《诗·周颂·维清》：

维清缉熙，文王之典。
肇禋，迄用有成，
维周之祯。

《维清》为祭祀文王歌。据《毛诗正义》，《维清》诗者，奏《象舞》之歌乐也。谓文王时有击刺之法，武王作乐，象而为舞，号其乐曰《象舞》。象，为古乐名，一种手持干戈之舞蹈，武王克殷后所作；周公、成王时，于宫中演奏。诗人处太平之世，念文王法典、武王战功而作此歌。

今译：

追念文王，法典清明。
始于祭天，致用有成，
祐我周室，祯祥太平。

《礼记 · 中庸》:“国家将兴,必有祯祥。”祯,吉兆。祥,善也。

《论衡 · 吉验》:“验见非一,或以人物,或以祯祥,或以光气。”人物、祯祥、光辉,或各有显象,或三位一体。古人从天光验吉凶。

诗云:

文王至诚,招赤雀之瑞;
赤雀引线,凤鸟穿针。
云中慈母,缝补青衣——
青青子衿,悠悠我心;
但入青云,与天人相会。

祥,福也。从示,羊声。一云善。

福禄寿考总称,曰祥。古人视“羊”为驯良、美好之象征,易获祥福。故“祥”从“羊”。声与义同源。

《诗 · 大雅 · 大明》云:“文定厥祥,亲迎于渭。”《朱熹集传》云:“文,礼。祥,吉也。言卜得吉而以纳币之礼,定其祥也。”即占卜定吉祥,文王亲自去渭河迎亲。

如前文提及,《尚书 · 伊训》云:“惟上帝不常,作善降之百祥;作不善降之百殃。”“祥”为吉利、吉祥。

《管子 · 枢言》:“天以时使,地以材使,人以德使,鬼神以祥使,禽兽以力使。”“使”,支配、派遣、运行之意。“祥”为征兆。

《周礼 · 春官》:“以观妖祥,辨吉凶。”郑玄注:“妖祥,善恶之征。”

《左传 · 昭公十八年》:“将有大祥。”祥,善恶之征。

祥,亦作服丧之祭名:除首服,服练冠,谓之小祥。除缞服,服朝服缟冠，谓之大祥。父母去世之后十三月而祭为小祥，二十五月而祭为大祥。

《仪礼·士虞礼》："期而小祥……又期而大祥。""期"，为一周年。又如《后汉书·桓荣丁鸿列传》："会母终，麟不胜丧，未祥而卒。"

诗云：

祥风瑞雪，
引祥车祥烟。
祥车旷左，故园雪国，
凄清良夜，
祥琴应和，星宿回旋。

祉(zhǐ)，福也。从示，止声。

"止"为"定"，福自天降，止此不移。故从止声，声与义同源。

《诗·小雅·六月》："吉甫燕喜，既多受祉。"即"吉甫宴饮，多受赐福"，赞大将尹吉甫北伐猃狁，大获全胜，宴饮欢喜，得宣王奖赏赐福。"祉"为福祉。

《国语·周语·太子晋谏灵王壅谷水》云：

帅象禹之功，度之于轨仪，莫非嘉绩，克厌帝心。皇天嘉之，祚以天下，赐姓曰姒，氏曰有夏，谓其能以嘉祉殷富生物也。

今译：

察看大禹之功业，遵从自然法则，凡他所做的，无不建立功勋，取悦上帝。上天嘉奖，命他统治天下，赐姓曰姒，称为夏氏，表彰其蒙上天赐福，使生民万物富足殷实。

《后汉书·曹褒传》：“今皇天降祉，嘉瑞并臻。”“祉”亦福，福祉降自皇天。

诗云：

祉

神祐福祉，天光止此；
你藏在字里，沐浴星河；
唯心唯信，既多受祉。

福，祐也。从示，畐声。

福祸吉凶，本出自天意，故“福”从示，即缘自日月星。

《祭统》曰：“贤者之祭也，必受其福，非世所谓福也。福者备也。备者百顺之名也。无所不顺者之谓备。”即贤者祭祀，必得福报，而这福报并非世俗幸福。

甲骨文，罗振玉认为是“福”字，“从两手奉尊于示前……为奉尊之祭”。

金文，丁佛言认为，是古文“福”字，从酉，从尊。

《中文形音义综合大字典》（高树藩编纂）云：

> “福”乃神降吉祥以助人之意，故从示。又以“畐”本作“满”解，神祇降吉祥以满足人之愿望为福。故福从畐声。“福”从“畐”声之“畐”为“酉”为尊之证，罗、丁二氏均言之。

槱（yǒu），指“堆积”，积柴燃烧以祭天。

《诗·大雅·棫朴》:“芃芃棫朴,薪之槱之。”今译:“看那棫朴茂林,砍做薪柴,焚烧祭天。”郑笺:“至祭皇天上帝及三辰。”此情景,我曾在日本数次亲眼看见。

回想当年,来自印度的灵性导师曾问我:“你为何出门旅行?”

我说:“为我的祖国和人民谋幸福。”

“什么是幸福?”导师又问,“大多数人认为,吃肉、喝酒及性生活才是幸福,你为他们谋求的,是这样的幸福吗?”

“当然不是。”我说。

“我们是灵魂而非肉体。认识到这一点,人就开始觉悟了。”灵性导师说。

“觉悟的灵魂应当如何?”

“为 Krishna 做奉献服务。”灵性导师说。

就在那年夏天,“我”觉悟了:一切看似和从前一样,但对我来说,整个世界都彻底改变了。我第一时间就感觉到了背靠的小树在暗中生长,液汁汩汩而流,似乎我就是它,它就是我。

回想觉悟之初,认识到的第一件事便是“什么是幸福”:“福”自天祐;“祐”从“示”;天光由“示”入魂,如美酒注入杯中,人生即刻光辉灿烂。我以为,这才是幸福。

《尚书·洪范》云“五福”:“一曰寿,二曰富,三曰康宁,四曰攸好德,五曰考终命。”

《礼记·祭器》云:“我战则克,祭则受福,盖得其道矣。”

“吾道一以贯之”:先民由此将天赐之福与人间幸福合而为一。

虚心、温柔、饥渴慕义的人,在世不幸,幸得上天赐福,只因心中充满怜恤与悲悯。原来人所渴求的与神所赐予的合为一体,方为“至福”。

《诗·小雅·瞻彼洛矣》云:“君子至止,福禄如茨。”即君子至此,福禄如蒺藜般茂盛。

《周南·樛木》云:

南有樛木，葛藟累之。
乐只君子，福履绥之。
南有樛木，葛藟荒之。
乐只君子，福履将之。
南有樛木，葛藟萦之。
乐只君子，福履成之。

今译：

南有樛木，葛藟缠身。
乐只君子，幸福安稳。
南有樛木，葛藟覆盖。
乐只君子，幸福到来。
南有樛木，葛藟萦绕。
乐只君子，幸福来到。

“葛藟(lěi)”是一种藤蔓，类似野葡萄，亦名千岁藟、万岁藟。《诗经》中花草藤蔓常比喻女子，树木比喻男子。如“山有扶苏，隰有荷华”“葛生蒙楚，蔹蔓于野”。藤缠树木，“累之”“绥之”“荒之”“将之”“萦之”“成之”之“福”，比喻爱情天长地久，如自然草木，完美结合。如《圣经·雅歌》云：“我是沙仑的玫瑰花，是谷中的百合花。我的佳偶在女子中，好像百合花在荆棘内。”(2:2)“我的良人在男子中，如同苹果树在树林中。”(2:3)“无花果树的果子渐渐成熟，葡萄树开花放香。我的佳偶，我的美人，起来，与我同去！”(2:13)

“福，祐也。”人间幸福好比万物生长，得神助天祐。

诗云：

福

星辰嵌在礼物中，上天赐我；
啜饮幸福之源，乐只君子，
常出没旷野，燃起烟火——
祖先从烟中捎来几只信鸽，
鸽子咕咕："南有樛木……"
乐只君子，因信得福。

祐，助也，从示，右声。

"祐"非"佑"。"佑"为人助；"祐"从示，乃神祐天助。

《诗·周颂·我将》云：

我将我享，维羊维牛，
维天其右之。仪式刑文王之典，
日靖四方。伊嘏文王，
既右飨之。我其夙夜，
畏天之威，于时保之。

今译：

我献上祭品，维牛维羊，
愿上天保祐——
仪式、法典，效法文王，
盼早日平定四方。
愿伟大文王，祭品尽享。
日日夜夜，敬畏威严上苍，
时时保祐我方。

原诗中“右”，通“佑”“祐”。

《毛诗正义》：“《我将》诗者，祀文王于明堂之乐歌也。谓祭五帝之神于明堂，以文王配而祀之。”（成王）太平之世，诗咏周公、成王传承文王之道。如《孝经》所谓：“宗祀文王于明堂，以配上帝。”先民祭文王时，一并祭五帝之神及上帝；文王美德，彰显天意。

惠特曼在《草叶集》中说：“我也对人类说：对上帝不要寻根究底。”如我族先民，不轻言上帝神灵，却以内敛的方式，默祷、信仰，以自身血脉，将天光引入现世生活与生命。

惠特曼说：“我在一天的每一瞬间中，都看见了上帝的踪迹，在男人和女人脸上，在镜子里面的我自己脸上，我都看见上帝，在大街上我得到上帝投下的书信，每一封信都有上帝的签名。但我把这些信留在原地，因为我知道不管我走到哪里，永远都会有别的信件如期而至。”回头看来，上帝在汉字里同样留下无数签名，“无名氏”或许就是上帝的一种签名。

孔子说：“君子有三畏：畏天命，畏大人，畏圣人之言。小人不知天命而不畏也，狎大人，侮圣人之言。”可悲的是，后者一时间随处可见：没有敬畏，没有什么不敢说的，也没有什么不敢干的；从侮辱、诋毁圣人，到大规模毁坏自然山河。

“获罪于天，无所祷也。”如今再不回家，不回归祖先神灵，我们还去哪里寻求“上帝保祐”呢？

诗云：

你说保佑，我求保祐——
你从“佑”中借一只手，
翻手为云，覆手为雨。

我从“祐”中引来天河——
时候近了，人类
各寻其源，各得其所。

祺，吉也，从示，其声。
《尔雅 · 释言》：祺，祥也。
《诗 · 大雅 · 行苇》云：

敦彼行苇，牛羊勿践履。
方苞方体，维叶泥泥……

今译：

道旁芦苇，牛羊不踩亦不碰，
芦苇初生，绿叶鲜嫩而润泽……

言周氏族人忠厚仁义，惠及草木，故能使内外和睦，尽享福禄寿。整首诗描述了周代族人宴饮之时，射箭、祝寿的欢乐场景，最后一句：“寿考维祺，以介景福。”即祈祷神灵赐福，祝愿长者吉祥长寿。祺，表示吉祥如意。

《宋史 · 乐志》云：“不涸不童，诞降祺祥。”即山不枯，水不干，普降吉祥。

诗云：

你多年前写下的“即颂春祺”

将那个春天的全部春光鸟鸣，
连同梧桐树上的微风细雨都留纸上，
藏进信封，那封信如风中丹顶鹤，
至今吹送着阳春牧笛。

祇(zhī)，敬也，从示，氏声。

氏，本作底解，有至本之意。祇，为敬之至极。

《诗·商颂·长发》云：

帝命不违，至于汤齐。
汤降不迟，圣敬日跻。
昭假迟迟，上帝是祇。
帝命式于九围。

今译：

殷商不违帝命，及至成汤即位。
及时颁布政命，日益敬畏神明。
荣耀神召，唯上帝是敬。
帝命统领九州，成就神圣使命。

原诗中“上帝是祇”，意指对上帝极为恭敬。此诗为殷商后王祭祀成汤的乐歌。

《毛诗序》曰：“《长发》，大禘也。”大禘，即国君祀天祭祖之礼仪。

诗云：

祇

你恭候那位圣人，只字不提，
祇候祇请，请来日月光明，
端坐圣坛，照耀神圣家庭。

禔(zhī)，安福也，从示，是声。《易》曰：“禔既平。”

禔为“祇”之通假。司马相如《难蜀父老》云：“遐迩一体，中外禔福，不亦康乎？”《法言 · 修身》云：“试问：‘士何如斯可以禔身？’曰：‘其为中也弘深，其为外也肃括，则可以禔身矣。’”其中“禔福”，即安福；“禔身”，即安身。

龚自珍《最录南唐五百子》云：“禨祥褫祉，禔应庞鸿。”即敬神求福，安享洪福。

诗云：

禔

上船是“禔”，下船成“祇”，
你是谁？上次在船上见过一次。

你是谁？“祇”或“禔”？
上次在月光里，下次
还想在阳光下再次见你！

——我是“禔”也是“祇”，
一个我，多个样子。
敬神求福，得神恩赐，
你便参透我的祝福，我的心思。

神，天神，引出万物者也。从示、申。

“神”右侧为“申”。“申”在古时与“电”同义，有威震天地，照澈万物之意，故从“申”声。

《易·系辞》云：“往者屈也，来者伸也。”自“复”至“乾”为伸；自“姤”(gòu)至“坤”为屈。

张载《正蒙》云：“物之初生，气日至而滋息；物生既盈，气日反而游散。至之谓神，以其伸也；反之为鬼，以其归也。”

《朱子语类》云：“问伸是神，屈是鬼否？”曰：“气之方来皆属阳，是神；气之反皆属阴，是鬼。午前是神；午后是鬼。初一以后是神；十六以后是鬼。草木方发生是神；凋落是鬼。人自少至壮是神；衰老是鬼。”

冯友兰先生继而论道：“我们可以说：凡事物之过去者是鬼，事物之将来者是神。此所谓鬼神亦即屈伸之义。事物之过去者为屈，为鬼；事物之将来者为伸，为神。”

而我想，既然“神，以其伸也；反之为鬼”，则鬼神之间，或可转换：一件事物，当其真相被掩盖，其冤屈者为鬼；反之，揭露黑暗，伸张正义，将真相昭示于天下为神。如此说来，属神属灵的人，当自强不息，身体力行。

在汉字汉语中，神不声不响，潜入人身，如古希腊人神同形。神就住在我们生命里，故此，我们才有了“眼神”“心神”“神态”“神情”，时而“传神”，时而“聚精会神”，或很“神气”，或“没了神”……而这“神”不是神是什么？不是人神合一又是什么？

神在心为“心神”，在眼为“眼神”，说此人“目光传神”，传的不是神又是什么？从汉字中看，“神”不在人眼中心里，又在哪里呢？

《黄帝内经·素问》记载：黄帝问天师，为何上古之人年龄能超过百年，而动作没有迟缓衰老迹象，而今人只年过半百，就衰老迟钝了？岐伯对曰：

> 上古之人，其知道者，法于阴阳，和于术数，食饮有节，起居有常，不妄作劳，故能形与神俱，而尽终其天年，度百岁乃去。今时之人不然也，以酒为浆，以妄为常，醉以入房，以欲竭其精，以耗散其真。不知持满，不时御神，务快其心，逆于生乐，起居无节，故半百而衰也。

"神"在这里出现两次：一为"形与神俱"，二为"不时御神"。"形与神俱"，则形神兼备合一。"不时御神"，即不能随时驾驭、控制心神。黄帝总结道：上古之人，"独立守神"；中古之人，"积精全神"；其次有圣人者，"精神不散"。可见，无论上古、中古之人，或圣人，都离不开"神"，都在以不同的方式守神传神，直至今日。

人神合一，在《黄帝内经》中，还体现为应顺自然天时：《四气调神大论篇》有云："春三月，此谓发陈……夜卧早起，广步于庭。被发缓形，以使志生。""夏三月，此谓蕃秀……夜卧早起，无厌于日，使志无怒，使华英成秀，使气得泄，若所爱在外。""秋三月，此谓容平……早卧早起，与鸡俱兴，使志安宁，以缓秋刑，收敛神气，使秋气平。"这里所言"神气"，原本运行于天地间、生命里，人通过呼吸与之交流，并于秋三月"收敛"，直到冬三月"闭藏"。所谓"神气"，即人的精神气质：得"神"者，由内而外，自然"神气"；失神者，眼里心中都"没了神"。

董仲舒《春秋繁露》云："天德施，地德化，人德义。天气上，地气下，人气在其间。春生夏长，百物以兴，秋杀冬收，百物以藏。故莫精于气，莫富于地，莫神于天，天地之精所以生物者，莫贵于人。"而"人有三百六十节，偶天之数也；形体骨肉，偶地之厚也；上有耳目聪明，日月之象也；体有空窍理脉，川谷之象也；心有哀乐喜怒，神气之类也"。在董仲舒看来，人体与天地相对应：骨骼与天数吻合；形体骨肉有如大地；耳朵、眼睛好比日月；体内有穴位、血脉类似山谷、河流；心中哀乐喜怒，好比神灵之气。

《黄帝内经》中，黄帝又问：“何谓神？”岐伯回答：“请言神。神乎神，耳不闻，目明心开而志先，慧然独悟。口弗能言，俱视独见适若昏，昭然独明若风吹云，故曰神。”又云：“血气者，人之神，不可不谨养。”“得神者昌，失神者亡。”岐伯如是说。

“神”在汉字里，生命中，如日神、月神、火神、林神、河神、谷神、灶神、心神、眼神、精神；恍惚变幻，分身散体，一神众灵。

一种语言词汇，可以反映出一个民族的心灵，汉语词汇也是如此。我们从中看到：神是一种信仰，也是人神结合而达成的一种默契；说出来是一种宗教；藏在生命里是一个眼神，一种心神。有人心神不宁，六神无主，失魂落魄；有人心照不宣，心领神会，神乎其神。

诗云：

那道闪电伸出弯曲的手指，
在天上写下什么字？
啊，有人认识，有人认识！
电光刻在心底，通灵者心领神会：
你当身体力行，为人间伸张正义！

祇（qí），地祇，提出万物者也。从示，氏声。

生发万物之地神，故从示。古称天神曰神，地神曰祇。又以“氏”为姓氏根源、子孙由来。声与义同源。

《尚书·吕刑传》：“天神无有降地，地祇不至于天。”指天地各得其所，人于其间建立纲纪秩序。

《吕氏春秋·季冬》云：“乃毕行山川之祀，及帝之大臣、天地之神祇。”

杨泉《物理论》云：“地者，其卦曰坤，其德曰母，其神曰祇。”

祇，也作动词，指祭祀。《管子·牧民》曰："顺民之经，在明鬼神，祇山川，敬宗庙，恭祖旧。""不明鬼神，则陋民不悟；不祇山川，则威令不闻；不敬宗庙，则民乃上校；不恭祖旧，则孝悌不备。四维不张，国乃灭亡。"

另有"祇园精舍"，指佛教圣地，后泛称寺院。

《宋书·范泰传》："暮年事佛甚精，于宅西立祇洹精舍。"

白居易《题东武丘寺六韵》云："香刹看非远，祇园入始深。"

诗云：

你行遍天涯寻找"祇园精舍"却终于回来，
回到荒凉田野，扶起被雷电击倒的稻草人，
你询问他的姓名他就告诉你："故园故园……"

而你不出声，只默祭山川，深耕祖田；
不出声，只默默扶起田间地头，
被雷电击中的亲人稻草人。

祕（mì），神也，从示，必声。

神鬼之事，隐秘难寻，秘不可宣。又以"必"为"閟"（bì）之省文；"閟"有内外隔绝意；暗指神鬼之祕，与人相绝难通，故祕，从必声。

《诗·鲁颂·閟宫》云：

閟宫有侐，实实枚枚。
赫赫姜嫄，其德不回。
上帝是依，无灾无害。

今译：

祕宫清静，空阔无人。

赫赫姜嫄，其德无邪。

上帝是依，无灾无害。

《毛诗序》言："《閟宫》，颂僖公能复周公之宇也。"即歌颂鲁僖公复兴祖业，重建姜嫄庙。

虞预《会稽典录》："上穷阴阳之奥祕，下摅人情之归极。"

王阳明《传习录》："此'致知'二字，真是个千古圣传之祕。"

《史记·陈丞相世家》："其计祕，世莫得闻。"

《史记·秦始皇本纪》："丞相斯为上崩在外，恐诸公子及天下有变，乃祕之，不发丧。"

"祕"通"秘"，不仅指人世间，更指人神之间、鬼神之间之奥秘、隐秘。

诗云：

天机埋在地里，挖出来看看？

灵魂在骨骸上刻下怎样的隐秘——

乌鸦仍在古战场徘徊，

于枯藤老树间声声哀鸣：

"可怜无定河边骨，犹是春闺梦里人。"

齋，戒，洁也。从示，齊省声。

𪗉，籀文"齋"，从𪗉省。

我曾问灵性导师："为何要素食、斋戒？"

导师回答："你常吃肉，身体就会变成一座坟墓；反之，素食者的身体将成为一座庙宇。"

《尚书·大禹谟》云：

益赞于禹曰："惟德动天，无远弗届。满招损，谦受益，时乃天道。帝初于历山，往于田，日号泣于旻天，于父母，负罪引慝。祗载见瞽瞍，夔夔斋栗，瞽亦允若。至诚感神，矧兹有苗。"

今译：

伯益拜见禹，说："只有德行感动上天，没有远而不至的。满招损，谦受益，此乃天道。当年舜帝去历山耕田时，每日向旻天、父母号泣，自身负罪引咎；毕恭毕敬去拜见瞽瞍，惶恐战栗。瞽瞍也应允了他。至诚感动神明，何况这些苗民呢？"

《史记·楚世家》云："召五公子斋而入。"

《后汉书·和熹邓皇后纪》："初入太庙，斋七日。"

《墨子·天志中》："天子有疾病祸祟，必斋戒沐浴，洁为酒醴粢盛，以祭祀天鬼。"

我赞同简化字。汉字简化，自古有之。汉字的发展，经历了持续而漫长的简化过程。

很多字简化得很好：如"網"简化成"网"；"衆"成"众"；"願"成"愿"；"滅"成"灭"，都更简洁、传神。但"齋"简化成"斋"则走偏了：丢了"示"部则失了神，丢了魂，原有的神圣也一并丧失。

诗云：

夔夔齋栗，你又要去拜见哪位盲人？
是莪相、荷马，或舜帝的父亲？
这一次，他们将应许你怎样的请求，
你又将听见哪一世的回音？

齋戒苦行，寻找真理——
本来无一物，却披褐怀玉，
你们看见道旁苦行僧，
却看不见我心里流着奶和蜜。

禋，洁祀也。一曰：精意以享为禋。从示，垔声。籀文从宀。

古以“垔”通“禋”，故从示。洁祀，乃洁净之祭，与“斋”同义：诚心将祭品供奉神灵享用。又以“垔”（yīn）本作“塞”解，有丰盛之意。凡“洁祀”即盛祀，祭品丰盛，故“禋”从“垔”声。禋者，于旷野焚柴祭天，将牺牲玉帛置于薪火之上，使烟气升天，以祭祀昊天上帝。

前文提到，《周礼·春官》云：“大宗伯之职，掌建邦之天神、人鬼、地祇之礼，以佐王建保邦国。以吉礼事邦国之鬼神示，以禋祀祀昊天上帝，以实柴祀日、月、星、辰。”这里“禋”字，郑玄注：“禋之言烟，周人尚臭。”

《尚书·舜典》云：“肆类于上帝，禋于六宗，望于山川，遍于群神。”即类祭上帝，禋祀六宗，眺望山川，遍及群神。“六宗”说法不一，郑玄谓：“星、辰、司中、司命、风师、雨师。”在先民眼中，天地自然、风雨雷电皆为神的化身。

《国语·周语》：“不禋于神，而求福焉，神必祸之。”

《诗·大雅·生民》云：

厥初生民，时维姜嫄。

生民如何，克禋克祀，以弗无子。

履帝武敏歆，攸介攸止。

载震载夙，载生载育，时维后稷。

郑笺："帝，上帝也。""祀郊禖之时，时则有大神之迹，姜嫄履之，足不能满。履其拇指之处，心体歆歆然。其左右所止住，如有人道感己者也。于是遂有身而肃戒，不复御。后则生子而养，长之名曰弃。舜臣尧而举之，是为后稷。"这段神话传说记录了周代祖先后稷的出生和来历，也记在《史记·周本纪》中。

今译：

最初生民，乃是姜嫄。

生民如何？来到旷野，

焚柴升烟，祭祀上帝，祈福求子。

踩着上帝的拇指足印，

心头一阵欣喜，神降福祉，

感动怀孕，生下孩儿，正是后稷。

原来在人类早期神话传说中，因圣灵感动怀孕的，不只是圣母玛利亚。

《诗·商颂·玄鸟》云："天命玄鸟，降而生商，宅殷土芒芒。"玄鸟，即燕子。

《史记·殷本记》云："殷契，母曰简狄，有娀氏之女，为帝喾次妃。三人行浴，见玄鸟堕其卵，简狄取吞之，因孕生契。"在早期神话传说中，殷商祖先契为帝喾次妃简狄吞玄鸟卵所生。

屈原《楚辞·天问》云："简狄在台，喾何宜？玄鸟至贻，女何喜？"

如神话学家坎贝尔在深入研究各国神话之后，得出结论："故事只有一个,虽然形式千变万化,但主题亘古不变——我们需要去探寻的,远远超出我们的所见所闻。"

坎贝尔又说:"神话是公开的梦,梦是私人的神话。"揭示梦的初始,神话的发源,或许可以使人类彼此更加亲近、友善,而非陌生、敌对。

比如后稷出生后,母亲姜嫄害怕上帝不安享禋祀,故将孩子抛弃,后稷的名字,就叫弃。而《诗·大雅·生民》又云:

诞寘之隘巷,牛羊腓字之。
诞寘之平林,会伐平林。
诞寘之寒冰,鸟覆翼之。
鸟乃去矣,后稷呱矣。
实覃实讦,厥声载路。
诞实匍匐,克岐克嶷,以就口食。

今译:

弃置窄巷,牛羊庇之又哺乳。
弃置森林,适逢众人正伐木。
弃置寒冰,大鸟展翅覆盖之。
大鸟飞去,后稷呱呱,
哭声响亮传四方,路人都听见。
见他匍匐而来,通晓人事,求得饮食。

后稷身世,让人联想到古希腊悲剧英雄俄狄浦斯。起初,俄狄浦斯的父母也是因为没有孩子,向命运之神阿波罗求子,阿波罗答应赐予他们一个孩子,但预言这孩子将来要杀父娶母。于是,俄狄浦斯的父母刺穿了俄狄浦斯的脚踝,把他丢进山林。孩子却被一个牧人收养,历经艰难险阻,终究仍未能逃脱杀父娶母的厄运。

作为周代第一人,后稷日后的命运却大不相同,他不仅个人获得好运,还教会一个民族耕种、放牧,开创农耕文明的新时代。

再看以色列先知摩西,他的身世,可以与《西游记》中的唐僧一比。

《旧约·出埃及记》记载:因法老下令,要将以色列人所生的男孩都丢在河里处死。而摩西的母亲生下一个儿子,“见他俊美,就藏了他三个月。后来不能再藏,就取了一个蒲草箱,抹上石漆和石油,将孩子放在里头,把箱子搁在河边的芦荻中。孩子的姐姐远远站着,要知道他究竟怎么样(2:2-4)”。后来这个漂流的箱子被法老的女儿看见,由摩西的姐姐建议,送去给奶妈抚养,而奶妈正是摩西的亲生母亲。日后摩西长大成人,带领受苦受难的以色列民族,走出埃及,获得新生。

再看《西游记》第九回“陈光蕊赴任逢灾,江流僧复仇报本”中,说到书生陈光蕊苦读数年,一举考中状元,跨马游街时接到丞相之女殷温娇的绣球,入相府成婚。数日后同妻携母前去江州赴任,途中被船夫刘洪杀害,推入江中,后被龙王救起并还阳。殷小姐因身怀有孕,苟且偷生,生下婴儿之后,害怕刘洪回来淹杀光蕊骨血,故将婴儿放在木板上顺江而去,咬去幼子左脚一小指,并附上一封血书作为印证。幼子顺江水漂到金山寺,被金山寺长老法明和尚搭救,养育成人,日后报本复仇,并削发修行,法名玄奘。

摩西这个名字本意是“因我把他从水里拉出来”,而远在天边的唐玄奘,也是被人从水中拉出来的。“故事只有一个”,按弗洛伊德的观点,因为人类都来自子宫、羊水。

神话是人类文明的发源,也只有神话,可以将人类文明引向元初神秘之地,恢复并重建人神之间的隐秘沟通与联系。无论姜嫄履帝武敏,载生载育;简狄吞玄鸟卵,因孕生契;摩西、玄奘,被从水中救起;或仓颉造字,天为雨粟,鬼于夜哭,龙乃潜藏。

潜龙抬头，或为一阵烟。祥烟从旷野升起，如祥龙献瑞。

诗云：

你才经历了多少困顿苦难就什么也不相信？
你才深入几寸污泥，就怀疑
莲花出水？旷野至今空寂，
祥烟扶摇，祥龙献瑞；
牺牲玉帛，你不要舍不得——
加上去，加上去，
连同自己的生命一同加上去！

祭，祭祀也。从示，以手持肉。

甲骨文：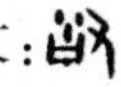

金文：

小篆：

罗振玉认为，“此字变形至多，然皆象持酒肉于示前之形”。而“示”字本源，至今被我们忽略。由“示”观“祭”：天垂日月星，先民祭祀，以通天通灵。

说到“祭祀”，商周之际的一段重要历史当铭记。据《墨子·节葬》记载：“天子杀殉，众者数百，寡者数十；将军大夫杀殉，众者数十，寡者数人。”“舆马女乐皆具。”即君王杀人殉葬，多则几百，少则数十；将军大夫杀人殉葬，多则几十，少则几人，而且车马、歌舞伎俱备。大量考古发现证明，殷商时期，以活人殉葬十分普遍，如安阳殷墟一座“亚”字形商王陵墓区，殉葬奴隶多达360人，其中大多为青少年，甚至幼童。更有商王墓中，殉葬者多达千人。到了周代，“周墓无人殉",非妄言。据范文澜先生考证,在发掘的 156 座周墓中,仅 3 座墓葬里发现 6 名殉葬人。因成王时,周公实施仁政,废除殉葬,赦免并安抚殷商遗民。孔子常梦见周公,并付出毕生努力恢复并弘扬先辈仁政与仁爱精神。

尽管日后又有死灰复燃,如秦穆公死时,殉葬者多达 177 人。有《诗·秦风·黄鸟》为证:

交交黄鸟,止于棘。
谁从穆公? 子车奄息。
维此奄息,百夫之特。
临其穴,惴惴其栗。
彼苍者天,歼我良人!
如可赎兮,人百其身!

交交黄鸟,止于桑。
谁从穆公? 子车仲行。
维此仲行,百夫之防。
临其穴,惴惴其栗。
彼苍者天,歼我良人!
如可赎兮,人百其身!

交交黄鸟,止于楚。
谁从穆公? 子车鍼虎。
维此鍼虎,百夫之御。
临其穴,惴惴其栗。
彼苍者天,歼我良人!
如可赎兮,人百其身!

今译：

交交黄鸟，止于棘。
谁从穆公？子车奄息。
维此奄息，百人难比。
临其墓穴，惴惴战栗。
茫茫苍天，灭我良人。
如可赎之，愿人百赴死！

交交黄鸟，止于桑。
谁从穆公？子车仲行。
维此仲行，百夫难当。
临其墓穴，惴惴战栗。
茫茫苍天，灭我良人。
如可赎之，愿人百赴死！

交交黄鸟，止于楚。
谁从穆公？子车鍼虎。
维此鍼虎，百夫难敌。
临其墓穴，惴惴战栗。
茫茫苍天，歼我良人，
如可赎之，愿百人赴死！

《左传·文公六年》载："秦伯任（秦穆公）好卒（卒于公元前621年，即周襄王三十一年），以子车氏之三子奄息、仲行、鍼虎为殉，皆秦之良也。国人哀之，为之赋《黄鸟》。"

《史记·秦本纪》亦载其事："缪（穆）公卒，葬雍。从死者百七十七人。秦之良臣子舆（车）氏三人名曰奄息、仲行、鍼虎，亦在从死之中。秦人哀之,为作歌《黄鸟》之诗。"

《孟子·梁惠王》载:"仲尼曰:'始作俑者,其无后乎。'为其象人而用之也。"在此,孔子罕见诅咒,诅咒"始作俑者",断子绝孙,可见孔子对殉葬制之痛恨。因何?因为始作俑者,在以真人殉葬之前,以"其象人而用之",启发了后人以真人殉葬,故孔子诅咒之。

言归"祭祀"。可见在孔子之后,后人所言祭祀,一反殉葬之残忍,重在传承祖先之仁爱仁政。颜渊问仁,子曰:"克己复礼为仁。一日克己复礼,天下归仁焉!"因此孔子日后言"礼"、言"祭祀",不强求形式,而重在仁爱精神。

孔子曰:"祭如在。"即言祭祀之时,如先人在场,与我辈同在——不是我们走向死亡,回到过去;而是祖先复活,来"在"我们中间,呼唤"仁者爱人","克己复礼";"四海之内皆兄弟"。

而在此基础之上,祭祀才有意义。故《礼记·祭统》云:"凡治人之道,莫急于礼;礼有五经,莫重于祭。"言祭祀原本高于经书礼仪。祭祀的根本不在过去,在现在与将来;祖先因我辈复活,我辈因共同祖先而彼此相爱。

如《春秋繁露·祭义》云:"君子之祭也,躬亲之,致其中心之诚,尽敬洁之道,以接至尊,故鬼享之。"又云:"祭者,察也,以善逮鬼神之谓也,善乃逮不可闻见者,故谓之察,吾以名之所享,故祭之不虚,安所可察哉!祭之为言际也,与,祭然后能见不见,见不见之见者,然后知天命鬼神,知天命鬼神,然后明祭之意,明祭之意,乃知重祭事。"言君子祭祀,必亲临现场,如孔子所说:"吾不与祭,如不祭。"唯虔心祭祀,"以接至尊",祖先方可享用并显灵。又云:"祭者,际也。"即人神相通:唯"通灵者"可见人所不见,知天命鬼神;知天命鬼神,然后才能明白祭祀本意;明白了祭祀本意,必重祭祀。

祭天神为祀,地祇称祭,祭祀并称,则为祭天地神祇。

诗云:

“燔柴于泰坛，祭天也；
瘗埋于泰折，祭地也。”
当你焚祡祭天，凤鸟
奋飞于天；洒酒祭地，
地下先人，欣然起身……

我们常在草丛中相聚，墟中人
举杯欢庆，月亮总在杯中
微笑并祝福我们。

祀，祭无已也，从示，巳声。

指事，形声，像人跪于“示”前，敬拜日月星，又以按季节时令祭神，周而复始，故从巳声。

《尔雅·释诂》：“祀，祭也。”《释名》：“巳，已也，如出有所为，毕已复还而入也。”如“汜”，《说文》解为：“水别复入水也。”即支流出而重入主流，循环往复之意。

“祀”为祠祭之总名，指年复一年，祭祀不已。

《尚书·洪范》：“惟十有三祀，王访于箕子。”祀即年，殷商称年为祀。

《左传·成公十三年》：“国之大事，在祀与戎。”即国家大事，在祭祀与军事。

《礼记·月令》：“春祀户，夏祀灶，中央土祀中霤，秋祀门，冬祀行。”

《史记·孝武本纪》：“古者祀天地皆有乐，而神祇可得而礼。”

《诗·小雅·楚茨》：“以为酒食，以享以祀。”即（用粮食）做酒食，以献祭祀，供奉神灵。

《周礼 · 天官冢宰》:“凡祭祀共酒以往。”逢王祭祀宴饮时,酒人便将所需要的酒送过去。

《孝经》:“春秋祭祀,以时思之。”郑玄注:“寒暑变移,益用增感,以时祭祀,展其孝思也。”又云:“四时变易,物有成熟,将欲食之。先荐先祖,念之若生,不忘亲也。”

祀天神,祭地祇,因为天上地下,有先人隐居。当年沿江采风,在重庆涪陵,当地老人告诉我,原先在白鹤梁对面有个无祀坛,为了纪念那些沉入江中的无名舟子,里面还有座庙。“无祀坛”原先也是涪陵一个社区的名称,后更名为“白鹤梁”。

诗云:

祀无祀,祭无祭;
新气升,故气巳。
江流铺床,云朵为他们
盖上白被子,安抚
安抚那些睡在江上的无名的孩子。

禩,祀,或从異。

“祀”书为“禩”,同字异体。

《周礼 · 春官 · 大宗伯》云:“以血祭祭社稷、五祀、五岳。”血祭,以牲血灌地以祭祀。“五祀”,文献记载不一,一说是祭户神、灶神、土神、门神、行神。《周礼 · 春官 · 小祝》云:“有寇戎之事,则保郊祀于社。”

诗云:

异端或羔羊之血，祭社稷、五祀、五岳。

我曾收到血书，滴血认亲。

亲在土中，同宗同族。

亲在天涯，望云思亲。

祭祀之火，燃起天边烟霞，

祖先在天地人间，漂泊徘徊；

时候近了，更近了……

祡(chái)，烧柴焚燎以祭天神。从示，此声。《虞书》曰："至于岱宗，祡。"

，古文祡，从隋省。

《周礼·大宗伯》："以实柴祀日月星辰。"

《礼记·大传》："牧之野，武王之大事也。既事而退，祡于上帝。"言牧野之战，乃武王之大事。事成之后，退而焚祡，祭祀上帝。祡当为柴。柴、祡声相近。

《尔雅·释天》："祭天曰燔柴，祭地曰瘗薶(yì maí)。祭山曰庪县(guǐ xuán)，祭川曰浮沈。祭星曰布，祭风曰磔(zhé)。"言祭天即焚烧薪柴。祭地，将祭品掩埋。祭山，将祭品悬挂山上。祭川，将祭品投入水中，或沉或浮。祭星，将祭品散布于地面各处。祭风，即割裂牺牲，以祭风神。

邢昺疏："祭天之礼，积柴以实牲体玉帛而燔之，使烟气之臭上达於天，因名'祭天曰燔柴'也。"

万物有灵，自然万物，皆上帝化身。先民就这样以不同方式祭祀天地山川，星辰风雨。

《史记·五帝本纪》："岁二月，东巡狩，至于岱宗，祡，望秩于山川。"言当年二月，舜帝外出巡视，登上泰山，焚柴祭山，并遥望四面群山，按等级一一祭祀。

《礼记·郊特牲》“天子适四方，先柴。”言天子所到之处，必先焚柴，敬奉天神上帝。

诗云：

天子巡游四方，策马登山，
看呀，薪柴点燃，紫云升烟；
烟中日月，辉映坡上羊群——
你们我们，寻找金羊毛的孩子，
正牧羊、焚柴，祭祀山川。

禷（lèi），以事類祭天神。从示，類声。

祭祀名。指祭天或因特殊事件而祭祀。

《礼记·王制》：“天子将出征，禷乎上帝，祃于所征之地。”

《诗·大雅·皇矣》云：“是禷是祃。”《毛传》：“于内曰禷，于野曰祃。”郑笺：“禷也，祃也，师祭也。”朱熹《诗集传》注：“禷，将出师祭上帝也。祃，至所征之地而祭始造军法者，谓黄帝及蚩尤也。”

《皇矣》赞美周文王征服崇国，出征前后，祭祀神灵，故四方臣服。

诗云：

遇有大事，不要惊慌，
挥师南下，你要镇定。
禷于内，祃于野，有神有灵；
意外仍在意料之内——

你当倾听神谕。

祖先正在土中呼吸，

看那古墓征帆，

仍在草丛中漂泊缓行。

祪(guǐ)，祔祪祖也，从示，危声。

段注："祔谓新庙，祪谓毁庙，皆祖也。"

《尔雅 · 释诂》曰："祔、祪，祖也。"

诗云：

祖庙皆毁，新庙建于何处？

翠华想象，玉殿虚无，

你在空山寻找祖先，清溪日月，

在血脉中汩汩而流。祖庙皆毁，

你的生命便是家国故园。

祔(fù)，后死者合食于先祖。从示，付声。

祭祀名。将新死者于安葬前祭于祖庙，亦指合葬。《尔雅》郭璞注："付也。付新死者于祖庙。"

《左传 · 僖公三十三年》："凡君薨，卒哭而祔。"

《后汉书 · 礼仪志》："虞礼毕，祔于庙，如礼。"虞，祭名。

《晋书 · 皇甫谧传》："若亡有前后，不得移祔。祔葬自周公来，非古制也。"

诗云：

“捄之陾陾，度之薨薨”；
铲土填土，非葬也，祭祀先祖。
“筑之登登，削履冯冯”；
筑土削土，非葬也，重建祖庙。

“绵绵瓜瓞，民之初生”；
后死新死，非死也，复活重生。

祖，始庙也，从示，且声。

段注：“始兼两义：新庙为始，远庙亦为始。故祔、祪皆曰祖也。”

《释诂》：“祖，始也。”

《易经》曰：“先王以作乐崇德，殷荐之上帝，以配祖考。”祖考，即祖先。

《周礼·考工记·匠人》：“左祖右社，面朝后市，市朝一夫。”言（王宫）左边是祖庙，右边为社坛，前为朝廷，后为集市，集市面朝田野。

《诗·小雅·斯干》：

秩秩斯干，幽幽南山，
如竹苞矣，如松茂矣。
兄及弟，式相好矣，无相犹矣。

似续妣祖，筑室百堵，西南其户。
爰居爰处，爰笑爰语。
……

诗颂周宣王宫室之落成。今译：

清清此涧，幽幽南山。
青竹草丛，松林繁茂。
兄与弟，和睦相亲，无相欺矣。

嗣承先祖，筑室百堵，
正门面南，厢列东西。
同室相处，欢声笑语。

《诗·大雅·下武》云："昭兹来许，绳其祖武。"祖武，祖先行迹。

《礼记·檀弓》云："事君不敢忘其君，亦不敢遗其祖。"遗其祖，言忘却祖先。

《春秋穀梁传·文公二年》："无昭穆，则是无祖也。"即无昭穆则无法呈现祖辈祖先。

昭穆，即宗庙中神主之排列次序，始祖居中；左为昭，右为穆；父为昭，子为穆；一世为昭，二世为穆；以此循环，递为昭穆。父子始终异列，祖孙则同列。

《礼记·祭统》曰："夫祭有昭穆。昭穆者，所以别父子、远近、长幼、亲疏之序而无乱也。"按祭祀昭穆制度：天子立七庙，诸侯立五庙，大夫立三庙，士立一庙，庶人无庙。

《周礼·春官·小宗伯》云："辨庙祧之昭穆。"庙祧，泛指祖庙。

"无昭穆，则是无祖也"，有昭穆即可细思量：从我辈往上，至父辈、祖辈、曾祖……追根寻源，则归于一。同理，天子祭天地，诸侯祭社稷，大夫祭五祀，层级分明。一个祖先崇拜的民族，由此祭天地神祇，崇拜先祖。

诗云：

祖

浮游于万物之上，你看见什么？
裁衣之初，风剪云朵——

我看见出征之前，先王祭祖；
祖先从上天汲取三道光；
龙王从河面献出三桌酒。

你捧出什么？从草木之下，
花蕊之中；花蕊夫人，开辟先河。

鬃(bēng)，门内祭，先祖所以彷徨。从示，彭声。诗曰：祝祭于鬃。鬃，或从方。

《左传·襄公二十四年》："若夫保姓受氏，以守宗祊，世不绝祀，无国无之。"祊，庙门。

《诗·小雅·楚茨》云：

楚楚者茨，言抽其棘。
自昔何为？我蓺黍稷。
我黍与与，我稷翼翼。
我仓既盈，我庾维亿。
以为酒食，以享以祀，
以妥以侑，以介景福。
济济跄跄，絜尔牛羊，
以往烝尝。或剥或亨，或肆或将。
祝祭于祊，祀事孔明。
先祖是皇，神保是飨。

孝孙有庆，报以介福，万寿无疆。

今译：

楚楚者茨，除去荆棘。
自古何为？我种黍稷。
我黍与与，我稷翼翼。
粮食满仓，以为酒食，供奉祭祀，
尸祝请坐，尽享祭物，列祖保佑，赐我洪福。
恭敬前行，洁净牛羊，
烹羊宰牛，陈送献祭，冬烝秋尝。
门内祝祭，仪式辉煌。
先祖光临，神灵饱飨，
赐福孝孙，报以洪福，万寿无疆。

《宋史·乐九》："神登于俎，祝导于祊。"俎，古代祭祀或宴饮之时用以盛牺牲之礼器。

《诗·小雅·楚茨》云："为俎孔硕。"言祭器内供品极为丰盛。

诗云：

孝子不知神之所在，正祭之时，
设祭庙堂，求神于庙门之内，
并伫立门旁，迎来送往——
神在门内，或屋外他乡？

彷徨复彷徨，清风推门，

又将庙门轻轻阖上——
你在风中谛听，蜂蝶低语，
与内外神祇，亲密交往。

祰(kǎo)，告祭也，从示，从告声。

段注："自'禠'以下六字，皆主言祖庙。故知告祭谓王制天子诸侯将出，造乎祢。"

何休注："生称父，死称考，入庙称祢。"祢，父庙也。或外出打仗时，随行之父庙神主。

《礼记·曾子问》云："孔子曰：'诸侯适天子，必告于祖，奠于祢。冕而出视朝，命祝史告于社稷、宗庙、山川。'"

《玉篇·示部》："祰，祷也。"《说文》："祷，告事求福也。"《尔雅·释诂》："祈，告也。"字词互训。

诗云：

何以求告，为民祈福？
求告先祖，归鸿神应。
牺牲玉帛，祭祀通灵。
上下神祇，烟火相会。
焚祡献祭，克禋克祀。
烟为祕语，唯天是听。

祏(shí)，宗庙主也。《周礼》有郊、宗、石室。一曰大夫以石为主。从示、石，石亦声。

宗庙中藏神主之石函，祭祀时用来保护木偶，以避免火灾。

《左传·哀公十六年》："使贰车反祏于西圃。"杜预注："使副车还取庙主。西圃，孔氏庙所在。祏，藏主石函。”

《三国志·魏书·韩崔高孙王传》：“宗庙主祏，皆在邺都。暨奏请迎邺四庙神主，建立洛阳庙。”神主为木制，平时藏于石函中，故称“主祏”。

《管子·山至数》：“君人之主，弟兄十人，分国为十；兄弟五人，分国为五。三世则昭穆同祖，十世则为祏。”

《左传·昭公十八年》：“（子产）使祝史徙主祏于周庙，告于先君。”孔颖达疏：“每庙木主皆以石函盛之，当祭则出之，事毕则纳于函，藏于庙之北壁之内，所以辟火灾也。”

诗云：

石函有些冷；你来自的那片森林
正在起火。三世兄弟，在火中狩猎，
烟中祭祖，不知祖先隐居何处？

副车还取庙主，祏于西圃。
洛阳庙内灯火依稀，在蜘蛛网中。

祉（bǐ），以豚祠司命。从示，比声。《汉律》曰：“祠祉司命。”

先人以豚祭祀司命。“司命”为“六宗”之一，文昌宫星。“六宗”皆星辰之神：星、辰、司中、司命、风师、雨师。

汉代应劭《风俗通义·祀典》云：“今民间独祀司命耳，刻木长尺二寸为人像。行者檐箧中。居者别作小屋。齐地大尊重之。汝南余郡亦多有，皆祠以豚，率以春秋之月。”

诗云：

星辰滑入屋宇，装点汉字，
司命于文昌宫内，窸窣低语：
功名利禄，落雪纷飞；
银河瑞雪，长存太一。

祠，春祭曰祠，品物少，多文辞也。从示，司声。仲春之月，祠不用牺牲，用圭璧及皮币。

《尔雅 · 释诂》：祠，祭也。《尚书 · 伊训》：“伊尹祠于先王。”

《周礼 · 大宗伯》：“以祠春享先王，以禴夏享先王。”

《诗 · 小雅 · 天保》云：“禴祠烝尝，于公先王。”言春夏秋冬，祭祀先公先王。禴（yuè），古同“礿”，夏祭。祠，春祭。烝，冬祭。尝，秋祭。

《汉书 · 郊祀志上》：“于是始皇遂东游海上，行礼祠名山川及八神。”祠，祭祀。

诗云：

春草发生，孝子思亲，你看见什么？
荒冢祠堂，春草发生。你听见什么？
春风化雨，默念春祠：出曰祠兵，
入曰振旅。徘徊路寝，请先王回归。

礿（yuè），夏祭也。从示，勺声。

《易经》曰：“东邻杀牛，不如西邻之礿祭。”言东邻献祭多而得福少，不如西邻献祭少而得福多。

《公羊传·桓公八年》:“夏曰礿。”何休注:“荐尚麦鱼,始熟,可礿,故曰礿。”“礿”通“禴”(yuè)。

诗云:

夏日,麦子熟了,
鱼儿游上岸,你沐浴羊水。

羊在坡上,映入水底。
你在世间,思念母亲。

东邻杀牛,西邻礿祭。
麦子熟了,孝子哭泣。

禘,祭也。从示,帝声。《周礼》曰:“五岁一禘。”

《尔雅·释天》:“禘,大祭也。”周时王室五年一大祭,以合祭其列祖列宗。

“谛”,祭祀祖先。《礼记·丧服小纪》:“王者禘其祖之所自出。”

《国语·鲁语上》:“故有虞氏禘黄帝而祖颛顼。”

又指祭昊天与圜丘。《礼记·祭法》云:“有虞氏禘黄帝而郊喾,祖颛顼而宗尧。夏后氏亦禘黄帝而郊鲧,祖颛顼而宗禹。殷人禘喾而郊冥,祖契而宗汤。周人禘喾而郊稷,祖文王而宗武王。”郊,即野外祭祀。

《左传·襄公十年》:“鲁有禘乐,宾祭用之。”禘,指五年大祭,作四代之乐。

《通典》:“古者天子诸侯三年丧毕,皆合先祖之神而享之。以生有庆集之欢,死亦应备合食之礼,缘生以事死,因天道之成而设禘祫之享，皆合先祖之神而享之。”禘祫，言合祭先祖。又如《后汉书·张纯传》：“今禘祫高庙，陈序昭穆。”

另有禘郊，言帝王祭天。《国语·楚语下》：“天子禘郊之事，必自射其牲。”

“谛”，或言上帝，或上帝之言。如《约翰福音》：“太初有道，道与神同在，道就是神。”其中的“道”，希腊文为 logos，包含“话语”“理性”“道理”“规律”之意。亦为上帝之言，真谛之“谛”。

《马太福音》记录了耶稣禁食四十天后，魔鬼来诱惑他说：“你若是神的儿子，可以吩咐这些石头变成食物。”耶稣回答说：“经上记着说：‘人活着，不是单靠食物，乃是靠神口里所出的一切话。’”(4:3-4)

诗云：

天何言哉？神有太多话藏在光中，
沉默里；沉默如鱼，游在土中水底；
红鲤鱼至今尚未出土，宁愿
在九泉之下，与孤魂相依为命。

神说了什么，唯有在祭祀中谛听，
从光明中寻见，日月星至今
在血液里传神，在字里行间引导我们。

母语乃母亲河，从婴儿起
流淌在生命中，直到永远——
仙人变形而登天也，上帝之言
变成石头，仍有字迹铭刻其间。

鲁有禘乐,宾祭用之。

三年一祭,五岁一禘。

祖先之乐,绵延无尽。

祫(xiá),大合祭先祖亲疏远近也。从示合。《周礼》曰:“三岁一祫。”

言无论亲疏远近,将所有先祖放在一起大合祭,三年举行一次。

《孔子家语·郊问》云:

定公问于孔子曰:“古之帝王必郊祀其祖以配天,何也?”

孔子对曰:“万物本于天,人本乎祖。郊之祭也,大报本反始也,故以配上帝。天垂象,圣人则之,郊所以明天道也。”

今译:

鲁定公问孔子说:“古代帝王必于郊外祭祖且一并祭天,这是为什么?”

孔子回答:“万物来自于天,人来源于祖先。郊之祭,尽全力报答根本,返回初始,所以祭祖之时,亦配合祭祀上帝。天垂象,圣人从中取法,郊祭就是阐明天道。”

在孔子心中,万物来自于天,人来源于祖先。

崇拜祖先的民族,原本崇拜上帝。如一人由感恩父母而报答上苍。一个崇拜祖先的民族,如何没有信仰?

“未知生,焉知死”;不祭祀祖先,如何报本返始,通天地,达上苍?

《公羊传·文公二年》:“大事者何?大祫也。大祫者何?合祭也。”

郑玄曰：“鲁礼，三年丧毕而祫于大祖，明年春禘于群庙。自尔以后，率五年而再殷祭。”

《后汉书·祭祀志》云：“光武帝建武二年正月，立高庙于洛阳，四时祫祀。”

《三礼义宗》云：“周祫以秋者，万物新成可以奉荐宗庙，故合先祖之神而祭之。故祫宜在秋也。”

《通典》云：“禘、祫二礼，俱是大祭，先贤所释，义各有殊。”郑玄注：“二礼，以祫大禘小。”贾逵、刘歆则云：“一祭二名，礼无差降。”

《白虎通》云：“祭宗庙所以禘祫何？尊人君，贵功德，广孝道也。位尊德盛，所及弥远。谓之禘祫何？禘之为言谛也。序昭穆，谛父子也。祫者，合也。毁庙之主，皆合食于太祖也。”

故禘、祫二礼，均由近及远，由此及彼，由祭祀父母祖先，通达天神上帝。

诗云：

祭祀之时，我能听见一个声音，
好像枯木，遇见郁郁森林。
一祫一禘，冰冷岩石，由此
换上青苔地衣。一祫一禘，
无论大小彼此，亲疏远近，
只要在一起在一起，
合葬、合食、合祭；
瓜瓞绵延，报本归一。

祼(guàn)，灌祭也，从示，果声。

祼,以酒洒地祭神。《左传·襄公九年》:"君冠,必以祼享之礼行之。"

《国语·周语上》:"王祼鬯(chàng),飨醴乃行,百吏、庶民毕从。"鬯,古时祭祀用酒。

祼,又指以奠酒接待宾客。《周礼·春官·典瑞》:"祼圭有瓒,以肆先王,以祼宾客。"瓒,为祭祀时舀酒之玉器。祼圭:用以祭祀或接待宾客之酒器。

《诗·大雅·文王》云:

侯服于周,天命靡常。
殷士肤敏,祼将于京。
厥作祼将,常服黼冔。
王之荩臣,无念尔祖。

此为《大雅》首篇,歌颂文王。朱熹《诗集传》云:"周人追述文王之德,明国家所以受命而代殷者,皆由于此,以戒成王。"

今译:

天命无常,(殷商)就此服周邦。
殷士微子,壮而敏悟,
赴京祼祭辅成王。
助祭祼礼,冠冕礼服皆殷商。
王之忠臣,先祖勿忘。

《论语·八佾》:"子曰:'禘自既灌而往者,吾不欲观之矣。'"

孔子说:"谛祭时,自祼礼之后,我就不想再看下去了。"或指礼仪过于繁复,或流于形式,所以不想再看下去。

而季札葬子,孔子前去观礼,赞扬季札薄葬其子,合乎周礼。反之，如不合周礼，孔子则“不欲观”“何以观”“不足观”。

《论语·八佾》：“子曰：‘居上不宽，为礼不敬，临丧不哀，吾何以观之哉？’”

孔子说：“高居上位，对人不宽厚，行礼不恭敬，临到丧事也不悲哀，这种情况我如何看得下去呢？”

《论语·泰伯》：“子曰：‘如有周公之才之美，使骄且吝，其余不足观也已矣。’”

孔子说：“一个在上位的君主，即便有周公之才能与美好，如骄纵而又吝啬，其他方面也就不值一看了。”

孔子观礼，尤其祭祀礼仪，强调合乎本质精神，反对流于形式，违背周礼。《论语·八佾》云：“或问谛之说。子曰：‘不知也。知其说者之于天下也，其如示诸斯乎！’指其掌。”

有人向孔子请教谛祭。孔子说：“我不知道。若有谁知道，那观天下对他来说，就像看自己的手掌这么容易了。”说着，还指指自己的手掌。这里，孔子或认为，谛祭天子之礼在鲁国举行，并不合适，又不好明说，故出此言。

对于祭祀之礼，孔子出言谨慎，态度庄严。既不迷信，亦不失恭敬。

诗云：

酌郁鬯，浇灌灵魂；
地下祠堂，传来回音，
如烟如溪。玉瓒翻转，
清光流溢；你指指手掌，
洞穿天地——
那一束光来自哪里？

何处传来朗朗笑声？

𥜶(cuì)，数祭也。从示，𥜶声。读若舂麦为𥜶之𥜶。

段注：《广雅·释诂》曰：“𥜶，谢也。”《尔雅·释天》曰：“𥜶，祭也。”

𥜶，即重祭也，反复祭祀。

诗云：

舂米之声，咚咚咚，
一声花开，二声叶落，三声蝴蝶飞过。
蝴蝶蝴蝶，经停祠堂，
问候哪位先人，哪座古墓？

祭祀之时，咚咚咚，
一声叩头，二声心跳，三声燕子飞去。
燕子燕子，穿杨入林，衔来春雨柳丝。

祝，祭主赞词者。从示，从儿口。一曰从兑省。《易》曰：“兑为口，为巫。”

祭祀之时，主持向神灵祷告者。“祝”为会意，如一人跪拜天神，开口祈祷。故从示，从儿口。“儿”即古文“人”字。本义“男巫”，祭祀时主持祝告，即庙祝，庙宇中掌管香火者。陆游《老学庵笔记》云：“江渎庙西厢有壁画犊车。庙祝指以示予曰：‘此郭家车子也。’”

《尔雅·释名》：祝，属也。《玉篇》：祝，祭词也。《周礼·大祝》：“大祝掌六祝之辞，以事鬼神示，祈福祥，求永贞：一曰顺祝，二曰年祝，三曰吉祝，四曰化祝，五曰瑞祝，六曰策祝。”郑玄注：“永，长也。

贞,正也。”顺祝,祈丰年。年祝,求长久,常如人愿。吉祝,求吉利吉祥。化祝,祈逢凶化吉,弭除兵灾。瑞祝,求风调雨顺,逆时雨,宁风旱。策祝,祈求远离罪恶、疾病。

《庄子·逍遥游》:“庖人虽不治庖,尸祝不越樽俎而代之矣。”成玄英疏:“尸者,太庙之神主也。祝者,则今太常太祝是也。执祭版对尸而祝之,故谓之尸祝也。”

《汉书·郊祀志》:“《洪范》八政,三曰祀。祀者,所以昭孝事祖,通神明也。旁及四夷,莫不修之;下至禽兽,豺獭有祭。是以圣王为之典礼。民之精爽不贰,齐肃聪明者,神或降之,在男曰觋,在女曰巫,使制神之处位,为之牲器。使先圣之后,能知山川,敬于礼仪,明神之事者,以为祝;能知四时牺牲,坛场上下,氏姓所出者,以为宗。故有神民之官,各司其序,不相乱也。民神异业,敬而不黩,故神降之嘉生,民以物序,灾祸不至,所求不匮。”

而当光明之河经由汉字注入血脉,“祝福祈祷”化为日常生活,山水神明,尽在生活生命之中。

诗云:

先民跪拜于神庙山前;
神是一座山,在风中与你交谈:
轻轻动起来,或将自己如积雪化开。
祭主赞词者,今日当念无字书,
唱无词歌,敬祝
孝子不匮,君子万年。

䄖(liù),祝**䄖**也。从示,畱声。

右边为“畱”(liú),从字形看,畱,上“卯”下“田”,如种在田里的种子开裂、出苗，包含停留、即将分解、分离意，并于暗中缓慢松动、松散，无声无息。

《素问·移精变气论》：“古之治病，惟其移精变气，可祝由而已。”

《玉篇》：“𥛚，咒诅也。”

巫术在古代又被称为祝由之术，祝由又称祝尤、祝𥛚、祝祷，最早见于马王堆《帛书五十二病方》，也曾为黄帝所赐官名。祝尤术是包括中草药在内，借符咒禁禳以治病消灾的一种方法。“祝”者，咒也，“由”者，病之由来。

诗云：

种子在暗中开裂，轻唤田野；
檐上的水滴仍逗留瓦上，
或一点一滴，坠落下来。
巫山巫咸移精变气，
祝祷、祝由，精气流变，
或将瓦上夜雨夜色一点一滴，
注入檐下旧窝窝，那一窝
蝌蚪正摇头摆尾，瑟瑟颤栗。

祓（fú），除恶祭也。从示，犮声。

祓，洁也，有拔除意。古人以斋戒沐浴，祈求神灵除恶禳灾。

《尔雅·释诂》：祓，福也。前文已述《大雅·生民》云：“克禋克祀，以弗无子。”弗，即祓，指姜嫄禋祀上帝，以祓除其无子之疾。

《周礼·女巫》：“女巫掌岁时祓除、衅浴。”指良辰吉日，女巫掌管祓除、衅浴之礼：岁首于宗庙社坛，三月于水滨之上，除恶消灾，并以香草沐浴，洁净身心。

《左传·定公四年》:“君以军行,祓社衅鼓,祝奉以从。”祓社,言出师前,祷告于社。杜预注:“师出,先有事祓祷于社,谓之宜社;于是杀牲以血涂鼓鼙为衅鼓。”

《司马相如·封禅文》:“祓饰厥文。”师古注:“祓饰,谓除去旧事,更修新文。”

《韩非子·说林》:“故谚曰:‘巫咸虽善祝,不能自祓也。’”

《吕氏春秋》:“汤得伊尹,祓之于庙。”

《史记·周本纪》:“天下未集,群公惧,穆卜,周公乃祓斋,自为质,欲代武王,武王有瘳。”祓斋,求福去灾,洁净身心之祭礼。

《史记·封禅书》:“天子祓,然后入。”

张衡《南都赋》:“于是暮春之禊,元巳之辰,方轨齐轸,祓于阳濒。”

《史记·外戚世家》:“武帝祓霸上还。”

诗云:

洋洋暮春,自祓除于春水;
春禊浮醴,沐浴清气清流,
除恶禳灾,涤荡春心。

祈,求福也,从示,斤声。

《尔雅·释言》:祈,叫也。郭璞曰:“祈,祭者叫呼而请事。”

《周礼·大祝》:“掌六祈以同鬼神示:一曰类,二曰造,三曰禬,四曰禜,五曰攻,六曰说。”郑玄注:“祈,嘄(jiāo)也。谓为有灾变,号呼告神以求福。天神、人鬼、地祇不和,则六疠作见,故以祈礼同之。”

《诗·大雅·云汉》:“祈年孔夙,方社不莫。”即早就向神祈求丰年,祭四方之神、土地神也不晚。莫,通“暮”。

《史记·孝武本纪》:“间者河溢,岁数不登。故巡祭后土,祈为百姓育谷。”

《诗·周颂·噫嘻》:“噫嘻,春夏祈谷于上帝也。”

《礼记·郊特牲》:“祭有祈焉,有报焉。”

《尚书·周书·召诰》:“王其德之用,祈天永命。”

先民自古祈祷上帝,保佑天时地利人和。

上帝化身自然万物,故民遇有灾变,则号呼告神以求福。

诗云:

祭祀之时,心发神交。
心从土中,生出青草。
祈雨之时,心中默祷。
神在旱地,听闻呼号,
告诉你呀,告诉我,
天神、人鬼、地祇,
因何今岁不和?
但求一场雨,熄灭怒火;
祈请日月星,疏通天地灵河。

祷,告事求福也。从示,寿声。祷或省。,籀文祷。

《周书》:“大荒有祷无祀。”祷,请也,请于鬼神。

《周礼·春官·小宗伯》:“大灾,及执事祷祠于上下神示。”郑玄注:“求福曰祷,得求曰祠。”《周礼·春官·丧祝》:“以祭祀祷祠焉。”

《论语·八佾》:“获罪于天,无所祷也。”言得罪上天,无从祷告。

《论语·述而》:“丘之祷久矣。”暗示孔子以日常言行默祷,不为人知。如《马太福音》(6:5-6)所言:“你们祷告的时候,不可像那假冒为善的人,爱站在会堂里和十字路口上祷告,故意叫人看见。”

圣者无论古今,以日常言行默祷。“天国的奥秘,只叫你们知道,不叫他们知道。”

诗云:

那些曾经的呼号已成默祷,
如马背上的丝绸,在荒漠中飘……
丘之祷久矣久矣,
山丘如莲,风雨飘摇;
丘之祷久矣久矣,
晚霞在荒漠等你,等你吹响号角。

禜(yǒng),设緜蕝为营,以禳风雨、雪霜、水旱、疠疫于日月星辰山川也。从示,荣省声。一曰禜,卫使灾不生。

用棉线缠绕茅草为营,向日月星辰山川祈求,以消除风雨、雪霜、水旱、疠疫之灾。一曰,禜,保卫,使灾祸不生。

《三礼义宗》云:“雩,祈雨之祭。禜,止雨之祭。”

《周礼·地官·党正》:“春秋祭禜,亦如之。”郑玄注:“禜,谓雩禜水旱之神。盖亦为坛位,如祭社稷云。”

《左传·昭公元年》:“子产曰:‘山川之神,则水旱、疠疫之灾,于是乎禜之;日月星辰之神,则雪霜风雨之不时,于是乎禜之。’”

《左传·昭公十九年》:“郑大水,龙斗于时门之外洧渊,国人请为禜焉。”

《后汉书·顺帝纪》:“政失厥和,阴阳隔并,冬鲜宿雪,春无澍雨。分祷祈请,靡神不禜。”

《晋书·礼志》:“雨多则禜祭,赤帻朱衣,闭诸阴,朱索萦社,伐朱鼓焉。”

《通典》:“汉制谓禜为请晴,服赤帻朱衣。”

《隋书·礼仪志》:“霖雨,则禜京城诸门。”

《旧唐书·哀帝纪》:“是月积阴霖雨不止,差官禜都门。”

《金史·章宗纪二》:“癸未,以久雨,禜。”禜,祈祷天晴。

诗云:

雨下了千年,你披上朱衣,
戴上红领巾,敲响赤鼓——
阳光从红土之中喷涌而出;
天从土中放晴,丝丝缕缕;
土中旭日,离你最近,离家最近;
近水楼台,先得赤心。

禳(ráng),磔禳,祀除疠殃也。古者燧人禜子所造。从示,襄声。

古代燧人禜子所创造的,割裂牺牲,以攘除疠疫祸殃之祭祀。

《左传·昭公二十六年》:“齐有彗星,齐侯使禳之。”

《史记·李斯列传》:“高乃谏二世曰:‘天子无故贼杀不辜人,此上帝之禁也,鬼神不享,天且降殃,当远避宫以禳之。’二世乃出居。”

《史记·郑世家》:“六年,郑火,公欲禳之。子产曰:‘不如修德。’”亦如经上所说:“我喜爱怜恤,不喜爱祭祀。”因为祭祀的目的不在祭祀本身,在敬神祈福,保佑苍生。

过去的已然过去,生生不息的,是现在与将来。反之,若将祭祀当成了根本,只会让人类退回过去。所以,面临火灾,子产说:“不如修德。”修德者,必充满怜恤之心。

《搜神记》记录了这样一个故事：三国吴时，葛祚为衡阳太守，郡境有大树杈横于江面，常兴妖作怪。百姓为此立庙，行旅祷祀，日后大树杈便沉没了，否则将浮出水面撞毁船只。葛祚在离任前，准备好斧子，想要替百姓去除这个累赘。第二天就要去了，头天晚上，夜闻江中汹汹有人声，前去看时，只见树杈竟自动移去，顺流直下数里，停在江湾。从此行者再不必担心翻船了。衡阳人因此为葛祚立碑曰："正德祈禳，神木为移。"

这里"祈禳"即祭祀消灾，为百姓去除祸患之意。

诗云：

彗星来了，你害怕什么？
磔牲以禳，不如修心修德。
四方神灵围拢过来；
四季弦歌只为怜爱怜恤。
春生夏长，秋收冬藏；
彗星来了，拖着长长的火尾，
"正德祈禳"。

禬（guì），会福祭也。从示，从会，会亦声。《周礼》曰："禬之祝号。"

"六祈"（类、造、禬、禜、攻、说）之一。类、造二祭之礼已失传。

禬，乃除恶禳灾之祭，祈祷攘除疠疫病灾。《广雅》：禬，祭也。

《周礼·女祝》："女祝，掌王后之内祭祀，凡内祷祠之事。掌以时招、梗、禬、禳之事，以除疾殃。"言女祝掌管王后六宫之内祭祀，及所有内部祷祠之事，并根据需要，随时举行招、梗、禬、禳，以攘除疾病、祸殃。贾公彦疏："云招者，招取善祥。梗者，预捍恶之未至。禬者，除去见在之灾。禳者,推却见在之变异。”

古人相信,人类祸福,源自上天,故“六祈”求福。日月星(示)隐于诸祀,耀于万物。

诗云:

女祝女祝,教我祭祀之礼,
认知祷祠之事:招,善祥未至;
你招招手就来了。梗,邪恶未至;
你挥挥手就去了——
当灾祸已至,变故降临,
你祭祀消灾,曰禬,曰禳。

女祝女祝,祭天除疠,降福穰穰。

禅(shàn),祭天也,从示,单声。

段注:“凡封土为坛,除地为墠(shàn)。”“墠”后改为“禅”,是因为祭神的缘故。

从字形看,“单”本为枝丫相连,形似弹弓,是一种原始武器。“单”作声符之形声字,多含“关联”之意。如“禅让”指远古帝王让位,是人与人之间的传承;而“封禅”则是“受命于天”,祭天以承王位。

再看《史记·封禅书》,其中记录了自古帝王封禅的来龙去脉,并留下古代各种祭祀的珍贵文献。张守节《史记正义》云:“此泰山上筑土为坛以祭天，报天之功，故曰封。此泰山下小山上除地，服地之功，故曰禅。”

《史记·封禅书》说，自古受命帝王，何尝不封禅？总有尚未现吉兆就急于封禅的，和没有祥瑞出现就不去泰山封禅的帝王。有的虽受命而功业未成，有的已至梁父而道德仍与封禅不符，有的道德相符却又无暇受封，所以得行封禅之礼的很少。《论语·阳货篇》说：“三年不为礼，礼必坏；三年不为乐，乐必崩。”每逢盛世，则封禅答上苍，衰世则终止。远的千余年，近的数百年，所以封禅之礼残缺以致湮灭，详情已无从记录而传于后世了。

《封禅书》记录了管仲劝阻齐桓公封禅；秦始皇以秦文公曾获黑龙之事强行封禅；汉武帝得宝鼎而封禅，并求仙问道……字里行间，不乏含蓄讽刺意。

《太史公自序》又云：“受命而王，封禅之符罕用，用则万灵罔不禋祀，追本诸神名山大川礼，作《封禅书》第六。”可见封禅之时，万灵同享禋祀，也包括诸神及名山大川。回顾封禅本意，如班固《典引》所云：“顺命以创制，因定以和神。答三灵之蕃祉，展放唐之明文。”简言之，封禅原本是古代天子应天告地，承接天赋使命的一种仪式。

《大戴礼·保傅》云：“封泰山而禅梁甫。”梁甫，又名梁父，泰山下的小山，古人丛葬处。《白虎通》云：“封禅以告太平也，所以必于泰山何？万物所交代之处也。必于其上何？因高告高，顺其类也。故升封者增高也。下禅梁甫之山基广厚也。刻石纪号者，著已之功迹也，以自效仿也。天以高为尊，地以厚为德，故增泰山之高以放天，附梁甫之基以报地。明天地之命功成事遂，有益于天地，若高者加高，厚者加厚矣。或曰封者金泥银绳，或曰石泥金绳，封以印玺。”

《庄子·寓言》：“万物皆种也，以不同形相禅。”禅，这里指传授，相互替代转换。

《孟子·万章上》：“唐、虞禅，夏后、殷、周继，其义一也。”

《论衡·正说》：“尧老求禅，四岳举舜。”

佛教用语“禅（chán）那”，简称“禅”，指“静思”之意。《顿悟入道要门论》:“问:‘云何为禅,云何为定?’答:‘妄念不生为禅,坐见本性为定。’”

诗云:

三皇禅於绎绎之山,
五帝禅於亭亭之山。
禅是一盏灯,一只蝉,
绎绎亭亭,蝉鸣不绝——
夏日夏日,焉知其所终,焉知其所始?
天赐玉蝉,唤我封土为坛,祭天为蝉。

禦(yù),祀也,从示,御声。

简体:御。异体字:圄、御、敔、衙、𢐰。指抵御灾祸之祭祀。

《周易》卷一《蒙卦》:“上九,击蒙。不利为寇,利御寇。”言发蒙时不宜产生敌对情绪,否则不利,应防止矛盾激化,抵御敌对情绪,避免反目成仇。如宋濂《育王禅师裕公三会语录序》所言:“其言之也,欲击蒙于当时;其传之也,将泽物于后世。”

《诗·邶风·谷风》云:“我有旨蓄,亦以御冬。”即我备好菜肴,准备御寒过冬。御,抵御。

戴侗《六书故·天文下》:“禦,祀以禦沴也。”流水不畅,阴阳不调,五行相克,谓之沴,乃祀神祈祷,以抵御沴气。

诗云:

神不享非礼,而上天助我——

日月星在下山路上，与我相遇，
背上燔柴升烟——
柴，祡也。神不享非礼，
却收取晚霞烟云。

我不访名山，只流落荒野，
祀以禦沴。

祮(huó)，祀也，从示，昏声。

禳祭名，禳祠名，或报神祭也，义未闻。

诗云：

尚不能确定是哪一位先人在哪一座山里
为了什么祭祀禳祠
口中默念着哪一位神的名字，
但确信日月星
已然为此搭起一座小帐篷，
并定居其中，如牧人看护牛羊，
守护着我们。

禖(méi)，祭也，从示，某声。

古代求子之祀；亦指求子所祀之禖神，主管嫁娶，亦称"高禖"或"郊禖"。

《礼记·月令》："(仲春之月)是月也，玄鸟至。至之日，以太牢祠于高禖，天子亲往，后妃帅九嫔御。"郑玄注："玄鸟遗卵，娀简吞之而生契。后王以为媒官嘉祥而立其祠焉。变媒言禖，神之也。"

诗云：

春暖燕来时，你去郊外看看，

燕子本是玄鸟，玄鸟来自玄天。

玄鸟玄天，来自哪一世长夜碎片？

燕燕于飞，玄鸟遗卵；

你吞下去，吞下去，

子孙后世，受天赐福禄。

禑(xǔ)，祭具也，从示，胥声。

祭神所用精米。段注："《山海经》《离骚经》皆作糈。王逸曰：'糈，精米，所以享神。'郭璞曰：'糈，祭神之米名。'疑许君所据二书作禑。"

杨树达《积微居读书记·说文求是》云："《米部》云：'糈，粮也。'指其物则为糈，举其为事神之具则为禑。"

《离骚》："巫咸将夕降兮，怀椒糈而要之。"王逸注："椒，香物，所以降神；糈，精米，所以享神。"

沈约《郊居赋》云："浮兰烟于桂栋，召巫阳于南楚。扬玉桴，握椒糈。怳临风以浩唱，折琼茅而延伫。敬惟空路邈远，神踪遐阔。"椒糈，以椒香拌精米而成之祭神食物。怳，通"恍"。琼茅，即灵草。

谢朓《赛敬亭山庙喜雨诗》云："夕帐怀椒糈，蠲景洁膋芗。登秋虽未献，望岁伫年祥。"蠲景，洁净风景。膋芗(liáo xiāng)，油脂与香草，古代祀神时，焚之以散发馨香。

诗云：

你们为神备下精米，藏于山谷；
谷神告诉我：神灵时常来去——
你们扬玉桴，握椒糈，祭祀神灵；
我和心血，酿汉字，造精米。

祳(shèn)，社肉盛以蜃，故谓之祳。天子所以亲遗同姓。从示，辰声。《春秋传》曰："石尚来归祳。"

祳，祭社之肉，盛之以蜃。蜃同祳，或脤。天子用以赠同姓兄弟。

《周礼·天官·鳖人》："春献鳖蜃。"蜃，大蛤蜊或蚌壳烧成的灰，"蜃炭"，或祭器，上绘蜃形漆尊。《周礼·春官·鬯人》："凡山川四方用蜃。"

《周礼·大宗伯》："以脤膰之礼，亲兄弟之国。"郑玄注："脤膰，社稷宗庙之肉，以赐同姓之国，同福禄也。"

《公羊传》："脤者何？俎实也，腥曰脤，熟曰燔。"问脤是什么？祭祀用的肉食，生的叫脤，熟的叫膰。

《史记·天官书》："海旁蜄(蜃)气象楼台，广野气成宫阙然。云气各象其山川人民所聚积。"此为"海市蜃楼"之所出。

祳，通"蜃"，蛟也，嘘气成海市蜃楼。李时珍《本草纲目》记载："蛟龙髓，敷面，令人好颜色。"时珍曰："蛟之属有蜃，其状亦似蛇而大，有角如龙状。红鬣，腰以下鳞尽逆。食燕子。能吁气成楼台城郭之状，将雨即见，名蜃楼，亦曰海市。其脂和蜡作烛，香凡百步，烟中亦有楼阁之形。"

诗云：

我本牺牲,归来献餍,

或成灰,或献予兄弟族人。

我本牺牲,吁气成台,自成幻境,

你们累了,就来这里休息。

祴(gāi),宗庙奏祴乐,从示,戒声。

祴乐,本作祴夏,亦作陔夏,古代乐章《九夏》之一。

古代部落名称,又指堂下阶前砖石路。

《周礼·春官·钟师》:"凡乐事,以钟鼓奏'九夏':《王夏》《肆夏》《昭夏》《纳夏》《章夏》《齐夏》《族夏》《祴夏》《骜夏》。"郑玄注:"九夏皆诗篇名,颂之族类也。此歌之大者,载在乐章,乐崩亦从而亡。"言"九夏"属颂类诗篇,秦汉时已亡佚。夏,大也。杜子春曰:"祴,读为陔鼓之陔。王出入奏《王夏》,尸出入奏《肆夏》,牲出入奏《昭夏》,四方宾来奏《纳夏》,臣有功奏《章夏》,夫人祭奏《齐夏》,族人侍奏《族夏》,宾醉而出奏《陔夏》,公出入奏《骜夏》。"

《周礼·春官·笙师》:"笙师掌教吹竽、笙、埙、籥、箫、篪、笛、管,舂牍、应、雅,以教祴乐。"郑玄注:祴乐,《祴夏》之乐。

宋人罗愿《水调歌头·中秋和施司谏》:"一曲庾江上,千古继韵陔。"

诗云:

堂下阶前,青砖石阶

被四季四手联弹,祴夏之乐,游荡草木间,

连盛夏陔鼓、竽、笙、埙、籥、

箫、篪、笛、管，醉舟在水上，
醉人在山间寻找盛夏，越过殷商
随周室东迁至耳畔——
音阶在堂前铺路，�乐
与路边蟋蟀一并等你回来，等你回来。

祃(mà)，师行所止，恐有慢其神，下而祀之曰祃。从示，马声。《周礼》："祃于所征之地。"

《尔雅·释天》："是禷是祃，师祭也。"语出《诗·大雅·皇矣》："是禷是祃，是致是附，四方以无侮。"郑笺："禷也、祃也，师祭也。"禷，出征前祭天。祃，出征后于所征之地祭神。现出征前后，军队均祭天神，使敌方投降归顺，四方不敢轻侮。

《通典·礼典》："周制天子将出征，类于上帝，宜于社，造于祢，肆师为帝位，祃于所征之地。"

孔颖达云："天道远，以事类而祭告之也。社主杀戮，故求便宜。社主阴，万物于此断杀，故曰宜。造，至也，谓至父祖之庙也。言祢者，辞时先从卑，不敢留尊者命也。将出者，谓行幸巡狩。'祃于所征之地。'祃，师祭也，为兵祷也，其礼亡。其神盖蚩尤，或云黄帝。"即军队祭祀的礼仪已经失传，其所祭之神，大约是蚩尤或黄帝。

《周礼·春官·肆师》："凡四时之大甸猎，祭表貉，则为位。"凡是四季之大田猎，则在立表处举行祃祭，并设立神位。祃，《周礼》作貉，或貊字。貉之言百，祭祀此神，求获百倍。郑玄在《周礼·春官·甸祝》中注："田者习兵之礼，故亦祃祭。祷气势之十百而多获。"

周密《齐东野语·出师旗折》云："（贾师宪）亲总大军督师江上，祃祭于北关外。而大帅之旗适为风所折，识者骇之。"

高启《观军装十咏·纛》云："师行当祃祭，坛卜戮番生。"

《隋书·帝纪（卷四）》云："亲御戎服，祃祭黄帝。"

诗云：

天道远，你从马上下来，

遥望军中云，云中君，山上祖先。

师行所止，恐有慢其神，

下马祭祀；

不为烽火狼烟，但为四方安宁。

禂(dǎo)，祷牲马祭也。从示，周声。《诗》曰："既祃既禂。"

《尔雅·释天》曰："既伯既祷，马祭也。"郭璞云："伯，祭马祖也。将用马力，必先祭其先。"

《周礼·春官·甸祝》："禂牲禂马，皆掌其祝号。"禂，祷也。为马祷无疾，为祷多获禽牲。

《诗·小雅·吉日》云：

吉日维戊，既伯既祷。

田车既好，四牡孔阜。

升彼大阜，从其群丑。

吉日庚午，既差我马。

兽之所同，麀鹿麌麌。

漆沮之从，天子之所。

瞻彼中原，其祁孔有。

儦儦俟俟，或群或友。

悉率左右，以燕天子。

既张我弓，既挟我矢。

发彼小豝，殪此大兕。
以御宾客，且以酌醴。

今译：

戊辰吉日，祭祷马祖。
田车备好，四马壮美。
登山狩猎，逐鹿群兽。

吉日庚午，猎马驾到。
群兽聚处，麀鹿麌麌，
漆沮水旁，天子所至。

遥望中原，辽阔丰饶。
奔跑缓行，走兽成群。
驱之左右，以燕天子。

既张我弓，既挟我矢。
击中小猪，射死犀牛。
以飨宾客，共酌美酒。

《毛诗序》云：“《吉日》，美宣王田也。能慎微接下，无不自尽以奉其上也。”从中可见宣王田猎，上下一心，欢快祥和之盛世图景。

诗云：

欢乐源自祝祷，祭祀马祖，

马儿与山坡一同欢跳。
我正田猎，美景重叠：
看那宣王直入田野，犀牛角
灵光乍现——
一箭射偏，正中光环！

光环光耀，耀我祖田；
麀鹿麌麌，漫山遍野。

社，地主也。从示，土。《春秋传》曰："共工之子句龙为社神。"周礼："二十五家为社，各树其土所之宜木。"，古文社。

一方水土养一方神。在长江边的古镇乡村、田间地头，随处可见大小不一、形象各异的土地庙，里面供着土地爷、土地神；或由古庙改建，或背靠山崖，临时搭建在废墟间；有的甚至只是某位农人，用几块青石板，搭建在田野里、青苗间。我亲眼见过多座这样的土地庙，还拍了照片；有些庙虽小，里面只搁得下半把香、一只瓷碗，供着一尊自制的小土地菩萨，但虔诚之心，令人肃然起敬。

社，本意"土神"，及土地之神。古人得封土者，立社以祈福报功，故社从土声。

"封"在《说文》"土"部，为会意字，意为"爵諸矦之土也。从之，从土，从寸，守其制度也。公侯百里；伯七十里；子男五十里"。

，籀文"封"。从丰土。

，古文"封"，无"寸"。本意为草木生于土地上，等待丰收。之后右边加一个"寸"，有"衡量"之意。段注："凡法度曰寸。'尊'字、'寺'字下，皆曰有法度。"故社，即土神，土中主宰，生机及能量之化身。所祀之神，与祀神之所，皆曰社，而后者亦指社坛，祭祀土地之祭坛。在先民看来，土地为生命之来源与依托，充满生机、能量与神性。

《尚书》载，武王伐纣前："禷于上帝，宜于冢土。"古人遇大事则祭祀天地。根据不同需要，以不同方式祭祀上帝曰禷；"祭社"称"宜"。"祭社"也是一种权力标志，享有国土之象征。《诗·大雅·绵》云："乃立冢土，戎丑攸行。"即周代祖先亶父公，在建国之初，于岐山"立冢土"。冢，大也。"冢土"，即大社。戎，亦大也。"戎丑"即大众。孔颖达"立此社者，为动大众，所以告之而行也。"郑笺云："大社者，出大众，将所告而行也。"即军队在社坛前誓师动员而后出征。

《礼记·祭法》云："王为群姓立社，曰大社；王自为立社，曰王社。诸侯为百姓立社，曰国社；诸侯自为立社，曰侯社。大夫以下，成群立社，曰置社。"这是指周代立社。在诸侯王受封时，通常以五色土立社坛。《春秋传》曰："天子有太社焉，东方青色，南方赤色，西方白色，北方黑色，上冒以黄土。故将封东方诸侯，青土，苴以白茅，谨敬洁清也。"文献记载，周武王为其三子授封，分别受兹青社，封于东土；受兹玄社（黑社），封于北土；受兹赤社，封于南土。陈氏（宋·陈祥道）《礼书》曰："社所以祭五土之示，稷所以祭五谷之神。五谷之神而命之稷，以其首种先成而长五谷故也。稷非土无以生，土非稷无以见生生之效，故祭社必及稷，以其同功均利而养人故也。"由此可见"社稷"之来源及国人对于土地的信仰与依托。

《论语·八佾》记载：

> 哀公问"社"于宰我。宰我对曰："夏后氏以松，殷人以柏，周人以栗，曰使民战栗。"子闻之，曰："成事不说，遂事不谏，既往不咎。"

今译：

> 哀公向宰我问"社"。宰我回答："夏社植以松，殷人植以柏。周人植以栗。"又说："植以栗，是为了使民战栗。"孔

子听到之后说："成事不说，已经发生的事，无须再谏，既往不咎。"

钱穆先生《论语新解》云："立社必树其地所宜之木为社主。"而"夏居河东，其野宜松。殷居亳，其野宜柏。周居丰镐，其野宜栗。此皆苍老坚久之材，故树以为社。"

《吕氏春秋·贵直》云："亡国之社不得见于天……所以为戒。"蔡邕《独断》云："亡国之社：古者天子亦取亡国之社以分诸侯，使为社以自儆戒。屋之掩其上，使不通天；柴其下，使不通地，自与天地绝也；面北向阴，示灭亡也。"凡社必通天接地，接受阳光雨露方可存活。

在北欧神话传说中，有一棵世界树（Yggdrasil）。相传古神奥丁杀死巨人伊米尔之后，伊米尔的尸体上生长出一株巨大的梣树，这棵树便是宇宙核心，其巨型树根分为三条脉络：一条伸向人类"中庭"，一条伸向"巨人之国"，一条则延伸至"死者冥府"，树根旁都有丰沛泉水，滋养树根。

诗云：

社

谁言亡国之音，不得至于庙，
亡国之社，不得见于天？
而今，殷鼎陈于庙堂，殷墟覆盖家园；
江水流过我门前，桨声、人群，
呼唤燕子来，燕子来，
来时春社，去时秋社，
年年来去，花落花开。

禓（yáng），道上祭，从示，易声。

读 shāng 时，旧指强鬼，即死于非命之鬼。《礼记·效特牲》："乡人禓。"郑玄注："禓，强鬼也。谓时傩，索室驱疫，逐强鬼也。"驱鬼疫的仪式，称傩。

《周礼·春官·司巫》："凡丧事，掌巫降之礼。"郑玄注："降，下也。巫下神之礼。今世或死既敛，就巫下禓，其遗礼。"

《论语·乡党》："乡人傩。朝服而立于阼阶。"郑玄注："十二月，命方相氏索室中，驱疫鬼。鲁读傩为献，字或作禓。"即本地人迎神驱鬼，（孔子必）身着朝服，站在东边台阶上，以示虔敬。

诗云：

强鬼来了，你哈哈大笑，鬼就慌了。
而听见大笑，你慌什么？
傩戏逗人笑，你怕人笑。
哈哈，强鬼来了，我们哈哈大笑。
一位老人身着朝服，站上东边台阶，
双目之中，有旭日东升。

祲（jìn），精气感祥。从示，侵省声。《春秋传》曰："见赤黑之祲。"

《广韵》："祲，妖气也。又云，祲，日旁气也。"

《周礼·春官·保章氏》："以五云之物，辨吉凶水旱，降丰荒之祲象。"郑玄注："视日旁云气之色……青为蟲，白为丧，赤为兵荒，黑为水，黄为丰。"

《汉书·匡衡列传》："臣闻天人之际，精祲有以相盪，善恶有以相推，事作乎下者，象动乎上，阴阳之理，各应其感。"李奇曰："祲，气也，言天人精气相动也。"颜师古曰："祲谓阴阳气相侵，渐以成灾祥者也。"

祲，又指阴阳相侵之气，水黑、水赤，水火相遇。

诗云：

玄鸟自玄天降，翯翯兮携月以飞。
关山难越，失路人忽遇夜色光明。
精气感祥，阴阳相侵；
君不见，暗夜流火，赤心归飞。

祸，害也，神不福也。从示，呙声。

《尔雅·释名》："祸，毁也，言毁灭也。"

《周语》："不禋于神而求福焉。神必祸之。"古人认为，祸福源自天神；不祭祀天神而求福，神必降祸。故祸从示。又呙，口戾(lì)不正。或先天疾病，或后天外伤，皆为人所恶者。故祸从呙声。

《尚书·汤诰》："天道福善祸淫，降灾于夏，以彰厥罪。"厥，气逆，厥逆。天之所降曰灾，人之所致曰祸。

《礼记·表记》："祸从口出；君子慎以避祸。"

《左传·襄公廿三年》："祸福无门，唯人所召。"

《道德经》曰："罪莫大于可欲，祸莫大于不知足，咎莫大于欲得。"

《荀子·天论篇》："强本而节用，则天不能贫；养备而动时，则天不能病；修道而不贰，则天不能祸。"

诗云：

福自天降，祸从口出。
神不祐，心不明。

祸起萧墙，福自天心。
乌托邦不可托附于，
那片乌云。循道知足，
你终于无灾无病，无所畏惧。

祟(suì)，神祸也。从示，从出。，籀文祟，从省。

从字面看，地神不在地下，直出地面，窜至人间，为祟惹祸。

《管子·权修》："上恃龟筮，好用巫医，则鬼神骤祟。"

《史记·田叔列传》："久乘富贵，祸积为祟。"

《汉书·江充传》："奏言上疾祟在巫蛊。"祟，即灾祸。

《东观汉记》："明德皇后尝久病，至卜者家为卦，问咎祟所在。"

诗云：

小妖白手黑身，鬼鬼祟祟。
为保祐孩子，多给些压岁钱呀，
压祟压惊——钱来了，
光来了，雨来了——
天雨粟，鬼夜哭，妖孽无处遁形。

祆(yāo)，地反物为祆也。从示，芺声。

"段注"引《虫部》衣服歌谣："草木之怪谓之祆，禽兽虫蝗之怪谓之虿。"虿(chài)，蝎类，毒虫。省作"祅"，经传通作"妖"。

《左传·宣公十五年》曰："天反时为灾，地反物为妖。民反德为乱，乱则妖灾生。"

常言道：天作孽，犹可恕；自作孽，不可活。人若违背自然天道，则灾祸遍地，在劫难逃。但反过来，一个妖孽横行的世界，则天下大乱，人妖颠倒。

《汉书·天文志》:“迅雷风祆,怪云变气:此皆阴阳之精,其本在地,而上发于天者也。”

诗云:

狐狸来了,你说祆兽也,鬼所乘之。

你可知狐狸有三德,

其色中和,兼备土德;

小前大后,子孙繁多;

死则丘首,头朝故土。

你说祆兽啊妖孽;我说狐狸等等我。

我不是妖孽,我是稻禾。

祘,明视以筭之。从二示。《逸周书》曰:“士分民之祘。均分以祘之也。读若筭(suàn)。”

段注:“示与视,筭与算,皆叠韵也。明视故从二示。”

祘,异体字:筭,竿。计算,谋划;或计算所用筹码。

《仪礼·大射》:“若左右钧,则左右各持一筭以告。”

陆机《吊魏武帝文》:“长筭屈于短日,远迹顿于促路。”即长远规划屈从于时日短暂,远大行程困顿于行路仓促。

诗云:

明视故从二示,明理故从玉理。

祘一祘有生之年,长路远迹。

披褐怀玉;你深谙光明。
祘一祘,仓颉有四只眼睛,
仰观天象,见几重天宇?

禁,吉凶之忌也。从示,林声。

趋吉避凶所当禁忌之言行。

《史记·秦始皇本纪》:“于是二世常居禁中,与高决诸事。”禁中,指帝王所居宫内,因禁止外人出入,故称“禁中”“禁内”。

《魏书·高阳王雍传》:“别房幽禁,不得关豫内政。”

《礼记·曲礼上》:“入境而问禁,入国而问俗。”

《后汉书·徐登传》:“登乃禁溪水,水为不流。”此“禁”为魔法。如《抱朴子·至理》云:“贼中有善禁者,每当交战,官军刀剑皆不得拔,弓弩射矢皆远。”

《汉书·艺文志》:“牵于禁忌,泥于小术。”

诗云:

二木隐于林,你只见森林,
不见我们;我们自我放逐,
自我解禁,隐于林下草木,
木下落叶,叶下蟋蟀,
蟋蟀翅膀下的琴声,具体而微,
浅唱低吟:二木隐于林,
大千世界在我们之中;
我们自我放逐,自我解禁。

禫(dàn),除服祭也,从示,覃声。

除丧服时举行的祭礼。

段注:“《士虞礼记》曰:‘中月而禫。’中犹间也,禫,祭名也。与大祥间一月。自丧至此,凡二十七月。禫之言澹,澹然平安意也。”

《宋书·王淮之传》:“晋初用王肃议,祥禫共月,故二十五月而除,遂以为制。”

《礼记·丧大记》:“祥而外无哭者;禫而内无哭者,乐作矣故也。禫而从御,吉祭而复寝。”

即大祥之后,殡宫门外就听不见哭声了;禫祭之后,殡宫之内也听不见哭声了,已经可以奏乐了。禫祭之后,可以让妻妾服侍,因为吉祭以后,就可以搬回寝室居住了。

徐锴曰:“古无禫字。”桂馥谓:“此禫后人所加,故居部末。”

我若不哭,是更加伤悲。
墓前薄暮,袅袅如烟,澹澹然
似平安意。我已不哭,也不再奏乐,
余音绕梁,犹是春闺梦里,春江花月夜。

包括“禫”字在内,以下五个“示”部汉字《说文》本无,为后人所加。

禰(mí,nǐ),亲庙也,从示,尔声。一本云古文“檷”也。

读作 mí 时,指奉祀亡父之宗庙。读作 nǐ 时,指已在庙中立牌位之亡父。

宗庙中与自己最亲近的庙。故从示,“尔”为“迩”之省文。

诗云:

生称父，死称考，入庙称祢。

亡父在庙里，离我最近——

从阳台上，透过阳光望着我，

又在月光里，寻找我的童年。

父亲父亲，孩儿远行归来，

伤痕累累，只有在您的目光里；

伤愈复出，出征远行。

祧(tiāo)，迁庙也，从示，兆声。

《礼记·祭法》孔颖达疏："远庙为祧。"远庙，即祭祀始祖之庙宇。诗云：

祖先挑着一座山，一担云，

远远走来，山是一座庙，庙是一朵云。

我的祖先住在山里，我常去聆听教诲：

"蝉噪林逾静，鸟鸣山更幽。"

裁衣之初，祖先的剪刀被燕子代替。

祆(xiān)，胡神也，从示，天声。

天神曰祆，西域所奉者。祆教，即拜火教。波斯在公元前十世纪至前六世纪间，有琐罗亚斯德者，创此教。其教义以为有阴阳二神，阳神为善，阴神为恶，故以火表阳神而崇拜之。需要注意的是，祆右作"天"，不作"夭"，作"夭"为袄。祆、袄形似而意义迥别。

祆

祆与祆握握手，就在天边化成雪。
雪域、血域，铺向西天，
你披星戴月走在沙漠里，
沙越走越软，直至荒凉寂静
淹没道路，湮埋祆与祆，雪和血。

祚(zuò)，福也，从示，乍声。臣铉等曰："凡祭必受胙，胙即福也。"

古时祭神之肉，以为经神享用，降福其中，故祭毕分送亲友，以祝其得福。

《诗·大雅·既醉》："君子万年，永锡祚胤。"郑玄《笺》："天又长予女福祚至于子孙。"即祝愿君子万年，永远赐福保佑子孙后代。

《史记·秦楚之际月表》："平定海内，卒践帝祚。"

《晋书·王沈传》："弹琴咏典，以保年祚。"

谢朓《齐雩祭歌·歌世祖武皇帝》："我将我享，永祚丰年。"

诗云：

祚

我分得的祭品呀，来自风中，
风里不空；我承接的使命略显沉重；
只因光河牵引，我行至空空的码头，
我的父亲，我的祖先，我在江边祈祷祝福：
我将我享，万世平和。

禊(xì)，祓也。乃祈神驱祸除灾之祭，故从示。

祓出不祥之祭曰禊。因契有"契约""约束"之意，"禊"在求神解除妖灾约束，故从契声。

《史记·外戚世家》："武帝祓霸上还。"裴骃注曰："徐广曰：'三月上巳临水祓除谓之禊。'"

张衡《南都赋》："暮春之禊，元巳之辰。"

《晋书·礼志》："汉仪，季春上巳，官及百姓皆禊于东流水上。"

王羲之《兰亭集序》："暮春之初，会于会稽山阴之兰亭，修禊事也。"

诗云：

光照水上，祓出不祥。
春禊、秋禊，抚琴咏唱。

光照雪上，血脉纯净。
我将我享，日月星光。

光照我族，沐浴清心。
君子万年，永锡祚胤。

从"示"部汉字里，我看见天光从上帝那里降下来，潜入我族精神血脉；"示"之光，正是无声无息、无名无姓，却无处不在的我族信仰；由此，我们又从汉字及日常生活与生命中恢复了与天神的沟通与联系，找回了日月星、风雅颂三位一体的神灵："吾道一以贯之"。这"一"字垂落的日月星不是信仰是什么，不是光明是什么，不是我族生生不息、源远流长的光辉血脉又是什么？

我听见风雅颂在空中回旋，看见一条光河，从高山之巅融化，注入江河大地；山河处处拥清辉，一个古老神圣的民族正渐渐复苏，于万斯年，受天之祜。

第六章

汉字思维

由“示”观之，天垂日月星光，入世便与人间万物水乳交融，化为祀神祭祖，祝福祈祷，神祐福祉，禋祀禳祭。诸礼归一，归光明天神。

举一反三，从《说文》可见汉字思维——

《说文解字·序》云：

> 古者庖羲氏之王天下也，仰则观象于天，俯则观法于地，视鸟兽之文与地之宜，近取诸身，远取诸物，于是始作《易》八卦，以垂宪象。

或如章太炎先生所说：“居今而言，八卦与文字未必有关，其所以首举八卦者，大抵初造之文，有若干字取诸卦象。”我想，与其说“若干字取诸卦象”，不如说仓颉造字之初，与“古者庖羲氏（伏羲）之王天下”及“始作《易》八卦”之观察及思维方式如出一辙：“仰则观象于天，俯则观法于地，视鸟兽之文与地之宜，近取诸身，远取诸物。”

> 及神农氏结绳为治而统其事，庶业其繁，饰伪萌生。黄帝之史仓颉，见鸟兽蹏迒之迹，知分理之可相别异也，初造书

> 契。“百工以乂，万品以察，盖取诸夬”；“夬扬于王庭”。言文者宣教明化于王者朝廷，君子所以施禄及下，居德则忌也。仓颉之初作书，盖依类象形，故谓之文。其后形声相益，即谓之字。文者，物象之本；字者，言孳乳而浸多也。著于竹帛谓之书，书者，如也。以迄五帝三王之世，改易殊体，封于泰山者，七十有二代，靡有同焉。

其中“初造书契”之“契”，章太炎先生认为，乃“刻画作凭信也。古人造字，本以记姓名，立券契。尔时人事简单，人我所需，惟此而已”。然反观其来源，我想，“初造书契”不仅是人与人之间，同样是先民与天神之间的“契约”，貌似“对自然世界的模仿”。

古希腊哲学家德谟克利特说：“在许多重要事情上，我们在模仿禽兽，做禽兽的小学生。”直到后来，亚里士多德为“模仿说”建立了完整的理论体系。“模仿自然”貌似人类祖先共同的思维方式，然而在世界各国古老的象形文字中，为何唯有汉字完整保存并流传至今？仅仅因为汉字收录了“鸟兽蹄迒之迹”（别国象形文字也是如此，却都已失传）？抑或是因为仓颉造字之初，采用的不是模仿，而是创造性思维？——什么样的眼光可以将天垂日月星，看成（示）字？将河流看成“川”，将草生于田，看成“苗”字？如毕加索所说：“我不模仿自然，只面临自然。”面对天地万物，如果仓颉老先生仅仅只是模仿，汉字何以长存至今？不是模仿，是“通灵”与通灵之后浑然一体，一气呵成的创作。

长期以来，我们只相信集体的力量，以为万事万物，都是在漫漫时光里逐渐衍化而成；殊不知，但凡神奇之事，均瞬间创造。据史书记载，仓颉有四只眼睛，暗示仓颉是一位通灵者，因与神灵相通而实现“传神”：天光由“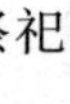”部注入汉字，神灵由此直入我族心灵，并在祝福祈祷、祭祀神祖中，实现天人合一。

更重要的是，尽管天翻地覆，沧海桑田，汉字依旧完好如初；而且我们至今仍可以顺着《说文》《尔雅》及经史实录逆流而上,找到汉字根本,我们的精神之源。这追根寻源的道路,也正是我们回归神灵,与天神重新建立联系之密径光河。

章太炎先生继而又分析道:“仓颉初造之文,为独体象形与独体指事。指事者,象形之广义也。”所谓“独体象形与独体指事”,即文字之文。文,即纹,万物在世间留下的痕迹,落于笔端,交错成文。依照章先生的观点:“若两文合而成字者,非会意,即形声,仓颉时尚未有此。”可见,文为独体,两文相合即成字。

及至《说文》,自“一”“造分天地,化成万物”,文字又以“部首”归类,每一类“独体象形”自成一系列。文生字,并成为字之母,字之魂。如《说文》解“字”——“乳也”,也是“产生”的意思:“文字”原本是人与自然结合所滋生之乳汁,哺育生命。

《说文》序云:

> 《周礼》:八岁入小学,保氏教国子,先以六书。一曰指事。指事者,视而可识,察而可见,上下是也。二曰象形,象形者,画成其物,随体诘诎,日月是也。三曰形声。形声者,以事为名,取譬相成,江河是也。四曰会意。会意者,比类合谊,以见指抳,武信是也。五曰转注。转注者,建类一首,同意相受,考老是也。六曰假借。假借者,本无其字,依声托事,令长是也。

“指事”“象形”“形声”“会意”“转注”“假借”是古人造字的六种方法。之后,《说文解字·序》又叙述了字体及古文的演变及流传,此处省略;只说当《说文》集前人之大成,将文字按部首分类,我们从中又有了新发现:所有部首(象形或指事)集成一部、一系列时,皆化“抽象”为“具体”,将抽象概念与具体形象相结合。换言之,即由人神同形,天人合一,实现万事万物之“抽象”化为“具体”。如“道生一,一生二,二生三,三生万物”。大千世界皆为“一”之化身;而“一”又化身为万事万物。

从开篇看去:“一”垂落三道光而成“示”;“示”部天光,汇成汉字神谱,精神光河。与此同时,“一贯三为王”,贯穿“天地人之道也”(“三”),成就“天下所归往”。再由“王”至“闰”“皇”:“闰月王居门中”;“皇,大也,从自。自,始也。”

再从“王者所佩”之“玉”,到“玉”部,“玉”不仅化成美玉(瑾、瑜、琳、璿)、瑞玉(璧)、玉光(瑛)、玉佩(玦、璬)、玉饰(璪)、玉色(璊、玼、莹)、玉声(玱、玎、珰)、治玉(琢、琱[雕])或石之似玉者(瑂、琟),更体现五种美德与精神。

《说文》解“玉”为:

> 石之美有五德:润泽以温,仁之方也;鰓理自外,可以知中,义之方也;其声舒扬,专以远闻,智之方也;不桡而折,勇之方也;锐廉而不技,洁之方也。象三玉之连,丨,其贯也。凡玉之属皆从玉。,古文玉。

“玉”部,几乎与“示”部同等重要;没有玉,就没有整部《红楼》。如一字说《红楼》,我只说“玉”,一部《红楼》说的正是“通灵宝玉”的来龙去脉,及玉之美德与精神如何进入现实生命而世代长存。

胡适先生曾批评《说文》对“玉”的解释“多而无当”,认为“玉”仅为“王者所佩”。此种说法,如一叶障目,不见泰山。细读《说文》,用心体会,我发现这与其说是一部字典,不如说是对先民精神信仰和认知世界的一次总结:一条神性之河从天而降,从“示”部起贯穿始终;如《红楼》之“玉”从上天“滚入”红尘——“玉是精神难比洁,雪为肌骨易销魂”;“出浴太真冰作影,捧心西子玉为魂”。《红楼》洋洋洒洒,众星捧“玉”,捧出我族先民与天神立约的“信物”与个中之灵魂。

如《说文》“玉”部中所载:

璠，玙璠，鲁之宝玉。从玉，番声。孔子曰：“美哉玙璠。远而望之，奂若也；近而视之，瑟若也。一则理胜，二则孚胜。”

瑞，以玉为信也。从玉耑。

琥，发兵瑞玉，为虎文，从玉从虎，虎亦声。

珑，祷旱玉也。龙文，从玉从龙，龙亦声。

玚(chàng)，圭尺二寸，有瓒，以祠宗庙者也。从玉，昜声。即古时祭祀宗庙用的一种圭。明·杨慎《玉名诂》云：“玚，祀天玉也。”

《尚书·舜典》曰：“在璇玑玉衡，以齐七政。”孔安国注：“在，察也。璇，美玉。玑、衡，王者正天文之器，可运转者。七政，日月五星各异政。舜察天文，齐七政，以审己当天心与否。”

《周礼·春官·大宗伯》载：“以玉作六瑞，以等邦国：王执镇圭，公执桓圭，侯执信圭，伯执躬圭，子执谷璧，男执蒲璧。……以玉作六器，以礼天地四方：以苍璧礼天，以黄琮礼地，以青圭礼东方，以赤璋礼南方，以白琥礼西方，以玄璜礼北方。”可见天子、诸侯有别，按照不同等级，以玉示神礼天，如后世传国玉玺——当年李斯奉始皇帝之命，以和氏璧镌刻，上写“受命于天，既寿永昌”八个篆字，作为皇权象征。此后历代，玉玺数易其主，最终丢失。有人以为自“传国玉玺丢失”，吾国国运甚至“气数”已尽。

此言差矣。只因“传国玉玺”虽已丢失，“通灵宝玉”却从天而降，由女娲补天多出的一块巨石，落入大荒山无稽崖青埂峰，缩成扇坠大小，并转世投胎，潜入“红楼”，上写着：“莫失莫忘，仙寿恒昌”，与李斯所刻之传国玉玺遥相呼应。而前者只是皇权象征，“通灵宝玉”则象征民族灵魂。皇权丢了，不过是换个皇帝；“通灵宝玉”一旦丢失，国人将失魂落魄，分崩离析。故不能，也不会丢。“仰赖天恩祖德”，“通灵宝玉”因落入“红楼”，已然在国人心中长存。

“通灵宝玉”之“灵”，《说文》解为“灵巫，以玉事神”。而“巫”，“祝也。女能事无形以舞降神者也”。诸多异体字（靈、霊、𩆜、𢤟、䨩、晋、𡒀、𠯪、𠴘、𩆍、靊、虚、䨼、雯、霊、霣、霁、𩆐、霈、霝）中，显然“靈”

与“靈”最接近本源。早期金文写作“靈”，三口，表示巫师口中念念有词，其造字本义为大旱之时，巫师祭祀祝祷以求雨。

在南京博物院的藏品中，有一只西汉中期的玉蝉琀，给我印象深刻。几乎每次回故乡南京，我都要去看一眼，见到这只玉蝉就仿佛见到我的先人，我的童年。“琀”，《说文》解为：“送死口中玉也。从玉，从含，含亦声。”即生者送入死者口中，死者含在嘴里的玉。蝉，自古在国人心目中象征高洁，栖于高枝，饮露不食。《史记·屈原贾生列传》曰：“蝉，蜕于浊秽，以浮游尘埃之外，不获世之污垢。”自汉代以来，更将蝉之出土羽化，喻为人之复活重生。《礼记》云：“君子无故，玉不去身。”这话不仅适于君子有生之年。自新石器时代，我国各地墓葬之中，便出现玉器。日后自商代至明清，古墓之大量出现玉器，这里只再说一句：南京博物院所藏汉代玉蝉，采用“汉八刀”工艺，其线条简练、粗犷，刀刀传神，玉蝉天真拙朴，振翅欲飞。

可见“先王有至德要道”，藏于汉字、古墓，历久弥新。“未知生，焉知死”，先民总是以各种隐喻、暗喻，启迪传神。回头看，《说文》就这样以部首“引领”，将“具体”归于“抽象”，将“抽象”化为“具体”，双向并行。

先看金、木、水、火、土“五行”作为部首，如何统领“子民”，以及它们彼此间的关系又如何。“五行”最早见于《尚书·洪范》：“五行：一曰水，二曰火，三曰木，四曰金，五曰土。水曰润下，火曰炎上，木曰曲直，金曰从革，土爰稼穑。润下作咸，炎上作苦，曲直作酸，从革作辛，稼穑作甘。”在五行之中，木生火，火生土，土生金，金生水，水生木。反之，木克土，土克水，水克火，火克金，金克木。彼此相克相生，相互对立依存。

金，《说文》：“五色金也。黄为之长。久埋不生衣，百炼不轻，从革不违。西方之行。生于土，从土；左右注，象金在土中形；今声。凡金之属皆从金。”五色金，即赤金、青金、黑金、白金、黄金；黄金为五金之首。埋在地下再久也不会生锈，千锤百炼不致折损变轻，分割变形，仍不违背本性。五行中，金代表西方。生于土，字形从“土”。“土”字左右两点，像金在土中。“今”作声旁。凡与“金”相关的字，都从属“金”旁。如金、银、铜、铁、锡、铅、钛、铀、镭、锂，各是一种金属，亘古不变。可惜另一些古代金器现已不再使用，这些字也随之被冷落，鐎、铆、铫、鏣、鋗、鐟、鍌、鋀、鏕。还有一些钟鼓、乐器，如镈、镛、钫、钲、铙、铎，也难得一见。一些古钱币，如锱、铢、锤、锊，或兵器，如镖、鋋、鈂、锬，或金属车轴及车马装饰用具，如锏、釭、鍪（shì）、镳，也已淡出今人视线。但有些字仍常来常往，威仪庄严。如“銮”，《说文》：“人君乘车，四马镳八銮，铃象鸾鸟声，和则敬也。”即皇帝车驾上的仪铃，安装在轭首或车衡上方。西周时开始流行。“銮驾”则指天子所乘车驾。另一些常用字，如钟、镜、铉、钱，均可由金旁考证其来源。另有一些金旁动词，如镶、错、铸、锻、镇、铄、销、镌、铲、锯，均指以金属工具从事的劳作、动作。一些钟声至今回荡，如鍠鍠、鎗鎗、镗镗，金声玉振，永不消失。《易传·系辞上》曰：“二人同心，其利断金；同心之言，其臭如兰。”古人又以“契若金兰”“义结金兰”比喻彼此间至深的默契与友情。

木，《说文》：“冒也。冒地而生。东方之行。从屮（chè），下象其根。凡木之属皆从木。”即从地里生长冒出。五行中，木代表东方。木，为象形，先是一棵树，由此衍生变幻成各种树木：如橘、橙、柚、楂（zhā）、柿、杏、梅、梨、李、桃、桂、枫、桦、桑、榆、樗、檀、楛、榛、栗、棠、松柏、梧桐、杨柳。木下一横为“本”，本即树根。“君子务本，本立道生”。木上一横曰“末”，指树枝末端，两横为“未”，“味也。六月滋味也”。如树上生出重叠树叶之时，“尚未到来”。“日”在木中为“東”，会意，如太阳从树木后面缓缓东升，“日”在木上为“杲”，明也，太阳升起，大地光明。“日”在木下为“杳”，冥也，日落之后，就什么也看不见了。伸手在木上摘取为“采”，“捋取也。从木从爪”。人依木而息，谓之“休”；众鸟栖林木为“集”。另有梁柱、门楣、屋檐、窗棂、木器及刑具如桎梏；古代马车上的车栀、横槅、柱枊（àng）等，可惜已不再使用。

但木实为“果”，木曲直为“柔”，木皮为“朴”，“木别生”为“枝”“杈”，小枝为“条”。破木为“析”，槁木为“枯”，木垂花为“朵”。春生夏长，一年一度。如《礼记·月令》云：“某日立春，盛德在木。”

水，《说文》：“准也。北方之行。象众水并流，中有微阳之气也。凡水之属皆从水。”准，平也。天下莫平于水。古人临水而居，故云：“关关雎鸠，在河之州。”水中可居，曰“州”（亦作“洲”）。五行中，水代表北方。甲骨文中，纵向之水写作或，静止或漫流之水写作。水源曰“泉”。三泉为“灥”（quán），本义为众泉汇流。二水曰“沝”（zǐ），滩碛相凑之处。三水曰“淼”，指水势盛大、浩渺。水长流，曰“永”。如《诗·周南·汉广》云：“江之永矣，不可方思。”《说文》中，有两条大水一曰江，一曰河，分别指长江、黄河。其余河流皆称“水”。众多河流汇聚“水”部，几乎绘成一部古代河流分布图。如：“河，水，出焞煌塞外昆仑山，发原注海。从水，可声。”“江，水，出蜀湔氐徼外崏山，入海。从水，工声。”“涪，水，出广汉刚邑道徼外，南入汉。从水，音声。”“潼，水，出广汉梓潼北界，南入垫江。从水，童声。”“浪，沧浪水也，南入江。从水，良声。”“洮，水，出陇西临洮，东北入河。从水，兆声。”“漾，水，出陇西相道，东至武都为汉。从水，羕声。”“汉，漾也。东为沧浪水。从水，难省声。”“水”部汉字亦描述各种水流、水涌，或丰沛、清深，或迅疾、浩渺。如小波为“沦”，大波为“澜”；小流曰“涓”，水漫漫曰“滔”；丰沛之水云“滂”，如“大雨滂沱”。

火，《说文》：“毁也。南方之行，炎而上。象形。凡火之属皆从火。”云火，可烧毁一切。五行之中，火代表南方，火光熊熊，气势向上。“火”部字皆与“火”有关。如火猛为“烈”，火光现“炪”（zhuō），火气上行曰“烝”。再如“炥”为火燃烧的样子，“爚”是火焰飞，火气为“烟”，死火余烬为“灰”，放火为“燎”，烧田为“焚”，盛光为“熠”，盛火曰“炵”，火在人上为“光”。星空熠熠，我们都是光明之子。

土，《说文》：“地之吐生物者也。二，象地之下、地之中，物出形也。凡土之属皆从土。”

“地，元气初分，轻清阳为天，重浊阴为地。万物所陈也。从土，也声。”五行中，土代表中央，协助平衡。相对四季而言：春属木，草木生长；夏属火，欣欣向荣；长夏属土，为夏秋过渡，庄稼成熟；秋属金，内敛收获；冬属水，水气降落，万物休眠，为新春积蓄。五行蕴含四季及生命轮回，其中，人与“土”如母与子，最亲最近。如“坤，地也。《易》之卦也。从土从申。土位在申。”段注：“坤，顺也。按伏羲取天地之德为卦。名曰乾坤。”乾为天，坤为地。又如“四方土可居”曰“墺”，“稻中畦（qí）”曰“塍”（chéng），“周垣”曰“燎”，“堂塾”为“垛”，“城垣”为“墉”，“城上女墙”为“堞”，“城，以盛民也”。人死后下葬入土，“坟墓”“坟茔”皆土旁。“祭场”曰“壇”，“祭神道”曰“场”。故土对我们而言，不仅是田园地土，亦是神坛道场。

从“五行”部首，可见汉字思维，从“抽象”到“具体”，或云“白马非马”论。一直以来，备受批判、嘲讽的公孙龙其实并没有错，其《白马论》说：“马者，所以命形也。白者，所以命色也。命色者，非命形也，故曰白马非马。”用今天的话说，即“形”为抽象，“色”为具体。形色有别，“抽象”不同于“具体”。“马”只是一个名称，一个抽象概念，落到具体，必为白马、黑马、枣红马、五花马、赤兔追风马或汗血宝马。抽象之“马”并不存在，故曰“白马非马”。汉字整体思维，简单来说，即形神兼备，形色合一，一个“抽象”化为多个“具体”。

不妨再以“白马非马”之“白”字为例。《说文》云，“白，西方色也。阴用事，物色白”。“白”只是一种颜色，一种抽象之“白”，一旦融入大千世界，与宇宙万物及具体生命相结合，方显现真身实体，如：“皎，月之白也”，“皢，日之白也”，“晳，人色白也”，“皤（pó），老人白也”，“皠（hé），鸟之白也”，“皑，霜雪之白也”，“ 皅（pā，古同“葩”），草华之白也”，“皦，玉石之白也”，“㓙，际见之白也（从缝隙或小孔中透出的白色光线）”，“皛（xiǎo），显也”。无名氏《白受采》云：“皛皛金方色，迁移妙不穷。”汉字思维也是如此。

又如“正言雅言”（如今日普通话）相对于“方言”。《扬子云集·

方言》云："娥、嬴(yíng)，好也。秦曰娥。宋魏之间谓之嬴。秦晋之间凡好而轻者谓之娥。自关而东，河济之间谓之媌(miáo)，或谓之姣。赵魏燕代之间曰姝，或曰妦(fēng)。自关而西秦晋之故都曰妍。好，其通语也。"女子为"好"，这普遍、抽象之"好"，落到各国各地，即在方言中体现为"娥、嬴、媌、姣、姝、妦、妍"。《诗》云："静女其姝，俟我于城隅。"

再如悲悯、怜爱之心，落入《方言》："韩郑曰怃，晋卫曰惰，汝颍之间曰怜，宋鲁之间曰牟，或曰怜。怜，通语也。"而怃(wǔ)、惰、怜，皆爱也。抽象之怜悯，由方言落到实处，化为具体。

再如《说文》"口"部，共收189字，重文21字，皆与"口"有关，包括言语、饮食、凤喈鸟鸣、各种走兽之鸣叫声，如："哮，豕惊声也。""喔，鸡声也。""嘤，鸟鸣也。"以及各种"儿泣不止"："朝鲜谓儿泣不止曰咺(xuān)。""秦晋谓儿泣不止曰唴(qiàng)。""楚谓儿泣不止曰嗷咷。"《方言》则以不同文字，一一收录了这些哭声。

汉字思维就这样丰富多变又浑然一体——"吾道一以贯之"。如天光注入汉字，我族在不知不觉中，实现天人合一，出世与入世、理想与现实合一。

第七章

“通灵者”如是说

前文说到，我族先民从“示”部汉字领受了天光与天神祝福。“示”部汉字，远不止《说文》中所收的（包括后人添加的）67个，数一数有数百字之多。在我看来，每一个“示”部汉字都是先民领受神恩、沐浴天光之力证。原来我们自古就是一个光明崇拜的民族；光明是我们的信仰，是我族历代精神依托与仰望——所有“示”部汉字为证。

“上帝说‘要有光’，就有了光。”一个光明崇拜的民族会没有信仰？关于信仰与灵性的知识我们所知甚少，我想，在得出结论之前，我们有必要重新学习汉字，了解先民信仰及对世界的认知。

我不知道古文巛字，除了“三垂，日月星也”，还能有什么别的解释；我同样震惊于如此清晰明了的阐释，为何长期以来，始终被世人忽略或忽视。或许人们早就意识到，只是不说，心里明白——但愿如此！抑或众人并未意识到，却从来被天光滋养，“受天之祜”而浑然不觉——但愿如此！

无论如何，这些年来，当我沿江采风，凝视汉字，我分明找到我的信仰，我的光源；认祖归宗，我重新认识了自己神圣高贵的祖先，并由此仰望根基，坚定信仰。“江之永矣，不可方思”；世代忧愁，连着神天光明。我们原本是自然之子，光明之子，至今浑然不觉，却“共饮一江水”，共同使用汉字汉语。

这是看见的“见”，会意。甲骨文字形，上为“目”，下面是“人”，人头上，睁着一只大眼睛，突显目光之远大、通灵。

“见”，《说文》解为：“视也。从儿，从目。凡见之属皆从见。”段注：“析言之有视而不见者，听而不闻者。浑言之则视与见、闻与听一也。耳部曰：听，聆也。闻，知声也。此析言之。……用目之人也。会意。”原来“见”字不仅指看见，也是听见、闻见，遇见、寻见，觉悟与发现。看见，是用“眼目”，故“見”字原本“目”在上。“闻”或“聆听”则离不开“耳”。故《诗·召南·草虫》云：“未见君子，我心伤悲。”《易经·乾卦》云：“见龙在田”，“利见大人” 。

《小王子》说：“最重要的东西是眼睛看不见的。”在“见”部汉字中，一直睁着的通灵之眼，能看见并感知看不见的一切——尽管其本身也未可知、未可见。探寻“见”部汉字，有助于我认知、理解先辈的各种视觉，各种发现。仓颉有四只眼睛，两只眼睛的我们，如何借得其通灵目光而有所觉悟、有所发现？

先看“觉”字，繁体字“覺”，异体字“斍、覐、覚”，本身都隐含着“目光”“看见”。

《说文》解“觉”：“寤（悟）也。从见，学省声。一曰发也。”段注：“‘觉，悟也。’悟各本作寤。今正。心部曰。悟者，觉也。二字为转注。”

再看“视”字：

篆文一：

篆文二：

金文：

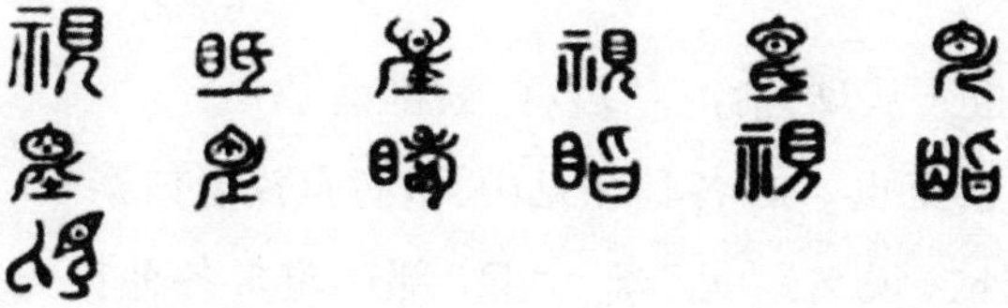

《说文》："视，瞻也，从见示。古文视。亦古文视。

《诗·小雅·鹿鸣》云："视民不恌，君子是则是效。"郑笺："视，古'示'字也。"故想了解各种"视"，各种觉悟、看见与发现，可参见"示"部。同样，"见"部与"示"部可相互对应、参照，如天光与人心相互映照。天垂象，人心视之，则见大光明。反之，若视而不见、不明、不察、不觉，还是黑暗，甚至天昏地暗，"伸手不见五指"——不是手指没了，而是黑暗蒙住了眼睛。

"看"，《说文·目部》："睎也。从手下目。"会意字，从字面来看，如徐锴《说文解字系传·目部》云："看，以手翳（yì）目而望也。宋玉赋曰：'若姣姬扬袂（mèi）障目而望所思。'"

"睎"，《说文·目部》："望也。"从"见"部可见各种"视觉""看法"。同样，有一个"见"部汉字存在，就有一种古人观察内外世界的方法。比如《说文·见部》中：

"覼（lì），求也。从见，丽声。"段注："求索之视也。"即一种寻视与求索。

"覣（lù），笑视也。从见，录声。"即笑看。

"观，谛视也。"段注引《穀梁传》曰："常事曰视，非常曰观。凡以我谛视物曰观，使人得以谛视我亦曰观。"即对于非常事物，用心细看、审慎察看曰"观"。

“覞(lài),内视也。”段注引《史记·商君列传》:“赵良曰:‘内视之谓明,于从来取意。’”

“覭(míng),小见也。从见,冥声。”《尔雅·释佑》曰:“覭髳(máo)茀离也。”郭云:“谓草木之丛茸翳荟也。”“茀”,《说文》解为:“道多草不可行。”“茀离”,如草木遮挡,眼目离迷,看不清。又,暗处窥视曰覭。

“覦,欲也。从见,俞声。”觊覦,欲得也。

“親(亲),至也。”在各种相见中,情意至深者曰亲。

除此之外,《说文》“见”部、“目”部还蕴含各种目光,各种内视、外观,洞察、洞观,并现出各种常态或异象。

法国通灵诗人兰波(Arthur Rimbaud, 1854—1891)曾说:“诗人应该是一个通灵者。”“通灵者”一词,法语是 le voyant,从动词 voir 而来。voir 即看、视。le voyant 也可译成“慧眼人”。如兰波在书信中写道:

> 我认为诗人应该是一个通灵者,使自己成为一个通灵者。必须经历各种感观长期的、广泛的、有意识的错轨,各种形式的情爱、痛苦和疯狂,诗人才能成为一个通灵者;他寻找自我,并为保存自己的精华而饮尽毒药。在难以形容的折磨中,他需要坚定的信仰与超人的力量;他与众不同,将成为伟大的病夫,伟大的罪犯,伟大的诅咒者——至高无上的智者!——因为他达到了未知!他培育了比别人更加丰富的灵魂!他达到未知;当他陷入迷狂,终于失去幻觉,却看见了幻觉本身!光怪陆离、难以名状的新事物使他兴奋跳跃以致崩溃:随之而来的是一批可怕的工匠,他们从别人倒下的地平线上起步!

而何谓失去幻觉时,却看见幻觉本身?有兰波十四行诗《元音字母》为证[1]：

元音字母

A黑，E白，I红，U绿，O蓝：元音，
终有一天我要道破你们隐秘的身世；
A，苍蝇身上的黑绒胸衣，
围绕着腐臭嗡嗡不已；

阴暗的海湾；E，汽船和乌篷的天真，
冰山的尖顶，白袍皇帝，伞形花的颤动；
I，殷红，咳出的鲜血，美人嗔怒
频饮罚酒时朱唇上的笑容；

U，圆圈，青绿海水神圣的激荡，
遍布牛羊的牧场的宁静，炼金术士
宽阔额头上智者的皱纹。

O，奇异而尖锐的末日号角，
穿越星球与天使的寂寥：
——噢，奥米茄眼里紫色的柔光！

一些学者认为，这是一部“天书”，无人能懂；其实，读过《说文》便不难理解：在兰波眼里，字母都是象形文字，因而其形象、色彩，乃至“隐秘的身世”，均自然呈现——不是想象，是看见，如“通灵诗人”自云：

1 所引兰波诗文均为本书作者所译。

很久以来，我自诩能享有一切可能出现的风暴，可以嘲弄现代诗歌与绘画的名流。

我喜欢笨拙的绘画、门贴、墙上的装饰、街头艺人的画布、招牌、民间彩图、过时的文学、教堂里的拉丁文、满纸错别字的淫书、祖先的小说、童话、小人书、古老的歌剧、天真的小曲、单纯的节奏。

我梦想着十字军东征、无人知晓的探险旅行、没有文字历史的共和国、半途而废的宗教战争、风俗的变迁、种族和大陆的迁移：我相信一切魔术。

我发明了元音的颜色！A 黑、E 白、I 红、O 蓝、U 绿。我规定每个辅音的形状和变动。早晚有一天，我将凭借本能的节奏，发明一种足以贯通一切感受的诗歌文字。我保留翻译权。

这起初是一种探索，我默写寂静与夜色，记录无可名状的事物。我确定缤纷的幻影。

试想，假如兰波用汉语创作，那将是怎样一番光景？或者说，兰波、毕加索就是现代“仓颉”，仓颉就是古代兰波、毕加索。古往今来，正是这些“通灵者”看破了时空，并成为“另一个”：不分你的、我的，中国的、外国的，古代的、现当代的。如兰波创造发明的“文字炼金术”，足以贯穿任何语言，突破一切文化樊篱——

诗歌中古老的成分，在我的文字炼金术中占有重要地位。

我习惯于单纯的幻觉：我真切地看见一座清真寺出现在工厂的位置上，一支由天使组成的击鼓队伍，行驶在天路上的一辆辆马车，一间湖底客厅；妖魔鬼怪，神神秘秘；一部滑稽剧的标题在我眼里呈现出恐怖的景象。

而后，我用文字的幻觉来解释我的魔法。

我最终发现，我精神的混乱是神圣的。发着高烧，我变得慵懒：我羡慕动物享有的极乐——小毛虫显现缥缈的纯真；鼹鼠有童贞的睡眠！

这种“诗歌中古老的成分”，我想，正是“通灵”，如柏拉图所说的“神灵附体，陷入迷狂状态”。这个“神灵”，或为祖先，或为血脉之中最古老的神话传说。人心一旦与祖先、神灵相通，便不再是原先的自己，而成为“另一个”。如兰波所说的：“我是另一个。”这另一个“我”，不是别人，正是“通灵者”——

有时我在天空看见一片无垠的沙滩，上面有欢快洁白的民族。一艘大金船从我头顶驶过，晨风轻拂着缤纷的彩旗。我创造了所有的节日，所有的凯旋，所有的戏剧。我尝试过发明新的花、新的星、新的肉体和新的语言，我自信已获得了超自然的神力。哎！我不得不埋葬我的想象和回忆！这是一个艺术家和叙事者的美好荣誉！

这便是通灵状态下人所看见的。若由此“反观”每个汉字的来历，重新探寻、发现其“隐秘的身世”，或将有助于我们理解并发现“通灵者”——只因血脉“通灵”，祖先便口含通灵宝玉，从我们身上复活。

如诗人兰波在书信中说：

假如老朽们没有找到“自我”，只找到一些虚假的意义，我们还不至于要扫清这些数以万计的朽骨，而他们从古至今，堆积着他们独眼的智慧产品，还大言不惭地自诩为作家！

我说过，在希腊，诗歌与竖琴使行动富于节奏。而此后，音乐和韵律变成了游戏和娱乐。对这段历史的研究使好奇者着迷，许多人以翻新这些古董为乐趣——当然只为他们自己。

兰波的话音如竖琴震颤，使“行动富于节奏”；我想，是时候以诗歌中古老的“通灵法术”来扫清数以万计的朽骨了——那些连做梦也不知“通灵”为何物的老朽们，凭借世俗的贪婪与老奸巨猾，至今自诩为诗人、作家！

所谓“通灵”，即心与先辈、神灵相通；神灵开启你的口，“说起别国的话来”。又如《红楼梦》开篇：

作者自云：曾历过一番梦幻之后，故将真事隐去，而借通灵说此《石头记》一书也。

这块石头是“女娲补天”多余的一块，它历经劫难，转世投胎，落入宝玉口中——口含美玉的祖先由此复活，并开口说出这“悲金悼玉的《红楼梦》”来。

一部《红楼梦》从头至尾处于“通灵”状态。故此，选择一个意向，一个主题，甚至一个韵，即可幻化出无尽的诗意。如《红楼》第三十八回，“林潇湘魁夺菊花诗”中，就有《红楼》人物各自创作的《忆菊》《种菊》《对菊》《供菊》《咏菊》《画菊》《问菊》《簪菊》，和《菊影》《菊梦》《残菊》，在一个主题之下，彼此风格迥异。如《对菊》中，枕霞旧友所云：

别圃移来贵比金，一丛浅淡一丛深。
萧疏篱畔科头坐，清冷香中抱膝吟。
数去更无君傲世，看来唯有我知音。
秋光荏苒休辜负，相对原宜惜寸阴。

看中间两句，已分不清“萧疏篱畔科头坐，清冷香中抱膝吟”的，是菊是我；也不知“数去更无君傲世，看来唯有我知音”是我对菊花说，或菊花对我说。

比如兰波的长诗《醉舟》，在翻译过程中，直到最后才发现，其中的第一人称“我”，从一开始就是“另一个”——“我”醉成一只轻舟；小船于是开口说——

有如酸苹果汁流进孩子的嘴里，
绿水浸入我的松木船壳，
洗去我身上的蓝色酒污和呕吐痕迹，
冲散了铁锚与船舵。
……
若是我渴慕欧洲之水，它只是
一片阴冷的碧潭，芬芳的黄昏后，
一个伤心的孩子，跪蹲着放出一只
脆弱有如五月蝴蝶的轻舟。

这便是“通灵”境界：非“有我之境”，亦非“无我之境”；“我是另一个”。

王国维先生在《人间词话》中说的：“有有我之境，有无我之境……有我之境，以我观物，故物我皆著我之色彩。无我之境，以物观物，故不知何者为我，何者为物。”这话看似很有道理，实则纸上谈兵：“通灵”不是冥想，是实践；不是常态，是非常状态。“通灵者”一旦“神灵附体，陷入迷狂”，既非“有我”，亦非“无我”，成为另一个连“我”都不认识的“他我”。如宝玉所云：“无我原非你，从他不解伊。肆行无碍凭来去。茫茫着甚悲愁喜？”简言之，这“另一个”是我亦非我，与祖先相通、神灵合一，自然说出“别国的话来”。

十几年来，我沿江采风，去白帝城朝圣。长江如一，倒映水中。我去给先辈上坟，曾有蝴蝶半夜飞进窗户；我登上白帝城，便思如泉涌。只因一路满怀虔诚之心，一边朝圣，一边采风，便时时感受到神灵启示，长江祝福。

卷三

神话的家园

第一章

小狐滩与四季传说

早在1872年,尼采就在《悲剧的诞生》中揭示了旨在消灭神话的苏格拉底哲学带来的恶果——“现在人们不妨设想一下没有神话指引的抽象的人,抽象的教育,抽象的风俗,抽象的权利,抽象的国家;设想一下艺术想象力不受本地神话约束而胡乱游荡;设想一下一种没有坚实而神圣的发祥地的文化,它注定要耗尽一切可能性,发育不良地从其他一切文化吸收营养。”尼采早就预言:“甚至国家也承认,没有比神话基础更有力的不成文法,它担保国家与宗教的联系,担保国家从神话观念中生长出来。”显然这里所说的“国家”,不仅是一个政体,更是文化精神的国度。

在我们的故园,所幸古老的神话还在。在过去十多年间,我有幸成为一名采风人,我所收获的,连我自己都感到吃惊:原来即便是在当代,在长江边的古镇乡村,那些风雨飘摇的老茶馆里,棚棚与危房中,在那些风烛残年的老人记忆中,依然保存着古老的神话传说与历史记忆。它们与圣经故事、希腊神话传说具有同等价值和意义,只是我们自己不懂得珍惜。

在人类早期,先民通常用神话故事来解释一些自然现象。比如,关于四季轮回,古希腊神话这样解释:相传司农神得墨忒尔的女儿珀耳塞福涅正在山林水泽采花，忽然，大地裂开了，冥王哈得斯驾着战车出现在眼前，将珀耳塞福涅抱走，并向她求婚。得知女儿被夺走，司农神得墨忒尔陷入悲伤，于是，大地万物都停止了生长。宙斯看不下去了，就与哈得斯商量，同意让珀耳塞福涅嫁给哈得斯，但每年必须有六个月的时间回来陪伴母亲，司农神得墨忒尔，另一半的时间，则留在冥界陪伴丈夫哈得斯。这样每当女儿离开，大地便叶落花黄，一片萧瑟，形成了秋天和冬天；半年之后，女儿回来省亲，大地草长莺飞，欣欣向荣，春日和夏季随之来临。

在长江边的重庆万州新田古镇，我听见过类似的传说，同样是解释一种自然现象。

先说新田为什么叫新田？相传从前有个牧羊人，羊跑丢了，一路找过来，发现这里有一片平整的坝子地，就在这里开荒种田，日后这里就叫新开田，简称新田。新田原先有条白水溪从山里流入长江，如今因三峡涨水，新田古镇整体拆迁，临江的房屋、良田均沉入江底。

我去新田采风，听说一位老人家有个心愿未能实现，死不瞑目。我赶去倾听，老人告诉我，他的心愿就是要把新田码头那道险滩的名称，由“湖滩”改回“狐滩”。而今老人已经去世，我想尽力帮他实现这一遗愿。原来长期以来，在书上或客船上，人们已然将“狐滩”的“狐”，写成了“湖”或“涪”，尽管按当地方言念起来，这三个字的发音是一样的，都念作“fū”。但写法不同，意义也不一样：写成“湖”，是因为三峡涨水，将原先狭窄的江滩变成了一片湖区；写成“涪”，是因为上游的涪陵人出资，炸了这里的暗礁，使原先的险滩从此风平浪静，化险为夷。而与这位老人所说的神话传说相比，这两种说法都显得过于苍白，且牵强附会。

小狐滩为什么叫小狐滩？老人告诉我，相传很久以前，这里是一片原始森林，林子里有许多狐狸出没。有一天，一个猎人前来打猎，发现老狐狸都外出觅食去了，树洞里只剩下一窝小狐狸。于是，猎人就把小狐狸全部捉去。等老狐狸回来一看，小狐狸不见了，就跟着猎人的脚印来到长江边;眼睁睁看着猎人乘船过江,把小狐狸全部掳走,老狐狸气急败坏,纷纷投江。此后,这些老狐狸死不甘心,就在水里兴风作浪,在长江上形成一道著名险滩“小狐滩”。古往今来,许多来往船只在这里翻沉,不知损失了多少财产,葬送了多少性命。

可见,“小狐滩”不是“湖滩”或“涪滩”,一字之差,大相径庭。正如古希腊神话“解释”了四季的来源;小狐滩的神话传说道出这道险滩的来历。

第二章

冉瞎子与俄狄浦斯

再说古希腊悲剧英雄俄狄浦斯的故事：俄狄浦斯王奋斗一生，最终仍未能摆脱可怕的神谕，陷入杀父娶母的悲惨命运，在得知真相之后，他刺瞎自己的双眼去荒野流浪。俄狄浦斯的故事千古流传。

同样在重庆万州新田古镇，我听到的另一个类似的故事，却险些失传。和小狐滩的故事一样，给我讲故事的老人也已经去世。这里我要说的，是冉瞎子的故事。

冉瞎子是民国时期的一位风水先生。按民间说法，风水先生如果看出一块“真地”，就要瞎眼睛，从此靠卖艺、算命为生。冉瞎子看出新田地势为“九朵莲花三枝藕”：九朵莲花是九座山包，三枝藕是三条河。请他看地的财主，按照事先约定，本应照顾他一辈子，保证他衣食无忧。可得了“真地”之后，却弃之不管，还让冉瞎子去舂米、推磨，干好些重活儿。冉瞎子徒弟看不下去，誓言要为师父报仇，破掉那块“真地”。这一天，这位徒弟找上门来，对这家人说：“你们家祖坟埋得不好，必须迁葬。”这家人不信。冉瞎子的徒弟就说：“我另外看好一块地，如果看真了，中午就会现三件奇事：蛇打鼓、铁戴帽、鱼上树。”结果那一天正逢赶场，到了中午，晴空霹雳，大雨滂沱，盘在树上的蛇纷纷被击落，掉在鼓上，现出“蛇打鼓”。赶场的人们忙将铁锅顶在头顶遮雨，又现出"铁戴帽"。集市上的鱼被挂在树上，又有了"鱼上树"。三件事都应验了，这家人就信了这位徒弟，决定迁葬，结果挖开原先的祖坟，里面飞出一对红鲤鱼。新坟落葬时，挖出一只石头蛋。迁坟之后，这一家人从此就败了。

之后我访遍新田古镇，从老人记忆中寻找有关冉瞎子的蛛丝马迹，了解到冉瞎子是一位盲眼艺人。荷马史诗《奥德修纪》中，曾记录这样的场景：

> 这时使者也来了，带来了忠诚的乐师，那是缪斯女神最宠爱的人；女神给了他不幸，也给了他幸福；她剥夺了他的视觉，但给了他甜蜜的歌喉；使者庞托诺在宴会的众人当中给乐师放了一把银镶的座椅，靠着大柱，又把清音的琴挂在上面一个木橛上，并且告诉他怎样可以拿到；……他们吃饱喝足之后，缪斯女神就引动乐师，让他歌唱英雄们的光荣事迹。

冉瞎子也是如此，一个人能同时打五样乐器；在吃饱喝足之后，便击鼓弹琴，唱诵古代战争中英雄们的光辉事迹。

汉字中"古"字，《说文》解为："故也，从十口，识前言者也。"甲骨文"古"字，上为甲胄，下为口，即讲述往昔的英雄事迹。而后演变为"十口"，即众口相传。

"故"字，《说文》解为："使为之也。从攴（pū）。""攴"为小击也。攴即反文旁"攵"，非"文"也，指"驱赶""进攻""教育"等。"古"与"攵"合成"故"字，意指让人讲述历史故事，并由此引发对先辈之怀念，对生死及过去、现在、未来之深思。后引申为"原因"。

相比俄狄浦斯猜出斯芬克谜语；冉瞎子看出新田地势，二人的共同点在于，都看清并说出真谛，道破天机，都因此瞎了眼睛——俄狄浦斯最终因查明真相而刺瞎自己的双眼，流落荒野；冉瞎子也因看清并说出"真地"而瞎了眼睛，并不得不去推磨、做苦力。我问当地老人，是“真地”或“真谛”？他们说都可以。我想，或许这个词本身就是个双关语，同音多义，同时包含“真地”与“真谛”，隐含“真相”“真理”。故此有神迹显现：墓里飞出一对红鲤鱼。

冉瞎子与俄狄浦斯的命运，印证了尼采所说的：“其智慧的光芒，反过来刺伤智者本身。”他们凭借“通灵”慧眼与智慧，猜出“谜语”，发现“真地”，一语道破天机，并承受悲惨命运。

在《诗·周颂》中，也有这样的盲人。《有瞽》云：

有瞽有瞽，在周之庭。
设业设虡，崇牙树羽。
应田县鼓，鞉磬柷圉。
既备乃奏，箫管备举。
喤喤厥声，肃雝和鸣，
先祖是听。
我客戾止，永观厥成。

今译：

盲人乐师，在周室宫廷。
摆开钟磬，插满羽翼。
大鼓、小鼓，鞉、磬、柷、圉。
乐器备齐，箫管并举。
喤喤厥声，庄严和鸣，
先祖是听。
宾客到此，饱享乐音。

《毛诗传》认为，“始作乐而合乎祖也”。郑笺曰：“王者治定制礼，功成作乐。”起初，盲人乐师奏乐歌咏，为祭祀祖先。《礼记·乐记》

云："乐者天地之和也；礼者，天地之序也。和，故百物皆化；序，故群物皆别。乐由天作，礼以地制。""若夫礼乐之施于金石，越于声音，用于宗庙社稷，事乎山川鬼神，则此所与民同也。"在周代，还有一种官职称"眡(shì)瞭(liào)"(目明者)，专门负责扶持盲眼乐师。当乐队演奏唱诵之时，众人就如同和祖先在一起。这与《奥德修纪》中记录的场景十分相似，同样是盲人乐师，在盛大庄严的场合，唱诵先辈的英雄事迹。

神话只有一个，只是呈现的方式不同。如美国神话学家约瑟夫·坎贝尔在《千面英雄》中说："无论我们是带着超然的兴趣倾听某位红眼巫医梦呓般的咒语，或满心欢喜阅读老子深奥文字的浅显译文，无论试图了解阿奎那艰深的观点，还是试图领悟离奇的爱斯基摩神话故事中的非凡意义，我们会发现，故事只有一个，虽然形式不断变化，但主题却亘古不变——我们需要探索的，远远超出了我们的所见所闻。"

可悲的是，我们在仰慕别国的宗教信仰、神话故事的同时，对本民族民间传说却表现出冷漠与不屑。就连坎贝尔也认为，民间传说只是为了娱乐之用，而神话才是精神指引；认为前者是"地域性的"，后者才是"道路"，是返回自我的"自性之路"。但十多年的采风经历让我确信，神话原本来自民间传说，而这两者之间并无明显界限。更为重要的是，同样一个民间故事有许多版本：大多数版本的确只为娱乐消遣，甚至沦为低俗笑话；但另一些版本，或者说，在众多版本中，需要我们自己从中提炼出一个"神话版"，其"神性"不仅在于故事原本如何，更在于倾听者能从中发现什么，领悟什么。如"十字架救赎"原本是一段真实历史，因门徒及世代信徒的信仰与见证，终于成为属于全人类的光辉神话，千古不朽。

第三章

栾布与安提戈涅

《史记·伯夷列传》云：

> “云从龙，风从虎，圣人作而万物睹。”伯夷、叔齐虽贤，得夫子而名益彰；颜渊虽笃学，附骥尾而行益显。岩穴之士，趋舍有时，若此类名湮灭而不称，悲夫。闾巷之人，欲砥行立名者，非附青云之士，恶能施于后世哉！

伯夷、叔齐虽然是贤能之人，但若没有孔子的发现与彰显，后人也不会知道。同样，冉瞎子只是一名盲眼歌手，若无人问津，或将没于后世。反之，我们一旦发现他，如同发现我们民族之“荷马”，其意义可想而知。十多年沿江采风，我强烈感受到民间文化之丰富精彩，与我们对此冷漠无知形成鲜明反差。同样的故事，如果在希腊神话中读到，我们会感觉深刻无比，价值连城；如果是茶馆里的老人告诉你，则不屑一顾。

其实，无论在现实生活或经典古籍中，都有蕴藏着许多传奇故事，有待我们重新认知、发现。如古希腊悲剧《安提戈涅》，众人皆知，类似的故事也写在《史记》中，却鲜为人知。《史记·季布栾布列传》，就记录了汉初名臣季布和栾布的生平事迹：二人皆为侠客义士，重义气，轻生死。这里单说栾布。

栾布为梁地人。早年，梁王彭越居家之时，曾与栾布同游。栾布家里穷困，至齐国当用人，给人做酒保。数年之后，彭越去了巨野泽中当强盗，而栾布被人当作奴隶，卖到了燕国。后来，他因为替家主报仇，燕将臧荼推举他为都尉。臧荼后来当了燕王，将栾布提拔为将军，及至臧荼谋反，汉朝派兵破燕，俘虏了栾布。梁王彭越听说后，就向高祖刘邦说情，并将栾布赎出，成为梁国大夫。

日后，栾布出使齐国，还没回来，这边刘邦就将彭越召回京城，以谋反罪将其斩首，并灭其三族。而后又将彭越的首级悬挂在洛阳城头，且颁布命令："有谁敢收葬，立即逮捕。"待栾布从齐国回来，明知禁令，却依然来到彭越人头之下，向他禀奏并祭祀痛哭。官吏随即将栾布逮捕，并报告刘邦。刘邦召见栾布，骂道："你是想和彭越一同谋反不成？我已下命令，禁止任何人收尸，而你偏去祭祀，还为他痛哭，这足以证明你想和彭越一同谋反。来人，把他给我煮了。"左右人上来就要把栾布往开水里扔。

栾布说："愿能说句话再死。"刘邦问："还有什么好说的？"栾布说："当年皇上您被困于彭城，败走荥阳、成皋间，项王之所以不能挥师西进，正因为彭越为王，占有梁地，与汉军联合，牵制了楚军。当时，彭王若稍有迟疑，联楚则汉破，联汉而楚破。后来垓下会战，若没有彭王相助，项羽也不会灭亡。如今天下已定，彭王剖符受封，也想将王位传之万世。就因为陛下去梁国征兵，彭王因病不能前来，陛下就以为他要谋反；他谋反的行迹尚未出现，您就凭这点小过失苛责并诛杀他。这样一来，臣恐怕功臣都要人人自危了。今彭王已死，臣生不如死，请把我煮了吧。"刘邦听罢赦免了栾布，并任命他做了都尉。

汉文帝时，栾布做了燕国宰相，日后又当上了将军，他感叹道："穷困不能辱身下志，非人也；富贵不能快意，非贤也。"于是，有恩的报恩，有仇的复仇。

太史公评论道：栾布哭彭越，临危不惧，视死如归，正因为深知自己的处境，看清了生命的价值。虽往古烈士，谁能超越他呢？

安提戈涅的故事，早于栾布300年。他们一样勇敢无畏、大义凛然，看到生命之上的价值，相信“天条”大义大于城邦律法与皇帝谕旨。故面对皇帝刘邦，栾布“愿能说句话再死”，并慷慨陈词，当面谴责刘邦之不仁不义，为自己的收尸、祭祀行为辩护。安提戈涅公然违背了城邦的禁葬法令，安葬了自己的哥哥，欣然赴死，并对软弱的妹妹说：“我要埋葬哥哥，即使为此而死，也是件光荣的事；我遵守神圣的天条而犯罪，倒可以同他在一起，亲爱的人陪伴着亲爱的人，我将永久得地下鬼魂的欢心，胜似讨凡人欢喜，因为我将永久躺在那里。至于你，只要你愿意，你就藐视天神所重视的天条吧。”

“伟大的精神总会相遇。”人类历史上高贵的灵魂也是如此。从各民族历史中发现这种“相似”与“相遇”，不仅有助于化解“文明冲突”与“隔阂”，更有助于人类在相互了解的基础之上，认识自身的文化传统，并彼此尊重、包容。安提戈涅在临终前，向城邦首领克瑞翁大声宣布：“我并不认为你的命令是如此强大有力，以至于你，一个凡人，竟敢僭越诸神不成文的且永恒不衰的律法。不是今天，也非昨天，它们永远存在，没有人知道它们在时间上的起源！”这与栾布在面对汉高祖刘邦的死刑时所说的，异曲同工：同样是以神圣道义与上天法则，挑战城邦法律，藐视世俗王权。

总之，回望往古英烈，我辈不必妄自菲薄，更不能简单粗暴地将自身的神话故事与民间传说归结为“封建迷信”，不登大雅之堂。比如谁家祖坟“埋真”了，后人就能发达，否则就会衰败，这种说法如今在我看来，只是个“隐喻”，暗示无论一个家庭或一个民族，只有将祖先的灵魂（即传统精神）安顿好，后人才能有前途；反之则失魂落魄，前途渺茫。如“通灵宝玉”警示后人：“莫失莫忘，仙寿恒昌。”

第四章

“滚石”与“红楼”

在《追随直觉之路》中，坎贝尔引用了荣格自传《回忆·梦·思考》中的一段话：“我猛然意识到，一个人有没有神话来作为自己的生活依据，是会有很大差别的”；而当他意识到并不清楚自己是依据怎样的神话来生活时，“便自然而然再度投身于找寻自己的专属神话之中，并将此举当作所有任务中的终极任务”。

坎贝尔由此提出荣格的问题：“什么是我生命的神话？”并进一步指出：“神话的意象是意识状态得以通过它和无意识接触的意象。当你不拥有你自己专属的神话意象，或是当你的意识状态因为某些缘故排斥它们时，你就会和你自己的内在深处‘失联’。我想这就是神话系统存在的目的，让我们可以依据它而生活。我们必须找出这样的神话，并清楚它的真相，只有这样，生活才能驾轻就熟。”

在鲍勃·迪伦获诺贝尔文学奖之前，我在上海看过他的一次现场演出，尽管隔着一段距离，但当鲍勃·迪伦开始登台演唱，我看他一会儿是兰波，一会儿是毕加索，一会儿又是凯鲁亚克；当他唱到《像一块滚石》，我忽然又看见另一个亲切熟悉的身影——“宝哥哥”出现了。原来“滚石”大有来头，歌中的那位“寂寞小姐”“衣着华贵”，养尊处优——

……那段时间你只是享受,

却没人教你真正的东西:怎么在社会上混。

可你现在明白了,你得自己学着应付……

当你一无所有,再不用担心会失去什么。

孤身一人,你感觉如何?

自成一体,无家可归,

像个局外人,一块滚石。

就在演唱会现场,我听着“滚石”的回音,看见一块巨石从大荒山无稽崖青埂峰上滚落,一路滚入“那昌明隆盛之邦,诗礼簪缨之族,花柳繁华之地,温柔富贵之乡”,“自成一体,无家可归,像个局外人,一块滚石”,“赤条条来去无牵挂”……原来“滚石”只有一块,神话只有一个,无须细论,灵性已通,从东方古国,滚至当代纽约,至今孤身一人——

无才可去补苍天,枉入红尘若许年。

此系身前身后事,倩谁记去作奇传?

相信若是宝玉听了,也同样“拍膝摇头,称赞不已”,一如当年在贾母内院听戏曲,悟禅机——

漫揾英雄泪,相离处士家。

谢慈悲剃度在莲台下。

没缘法,转眼分离乍。

赤条条来去无牵挂。

哪里讨烟蓑雨笠卷单行?

一任俺芒鞋破钵随缘化!

宝玉为听这出戏，得罪了黛玉；为哄黛玉，又得罪了湘云；当姐姐妹妹闹成一团，袭人又来劝他“大家彼此，随和点儿”。宝玉道：“什么大家彼此？他们有大家彼此，我只是赤条条无牵挂的！”原来古往今来的孤独者都一样，“像一块滚石”，孤身一人，自由自在，自成一体——“数去更无君傲世，看来唯有我知音”；也正是在“红楼”之中，我找到了“滚石”的来源，通灵宝玉；而这也正是属于我自己的专属神话，我找到了。

孔子曰：“志于道，据于德，依于仁，游于艺。”这个“艺”字当初指礼、乐、射、御、书、数，放在今天，我想，当是“艺术”之“艺”。在艺术中，如果少了“游”之乐趣，则“越想越无趣”。因此，不如像一块滚石，自去自来，游刃有余。如宝玉听戏曲之后，又从《南华经》中悟得真谛：

> 巧者劳而智者忧，无能者无所求，蔬食而遨游，泛若不系之舟。

一些伪“摇滚”以反叛者自居，以为“摇滚”便是喧泄，以为不到痛不欲生、撕心裂肺，就不算摇滚，就不像一块滚石，终于将滚石与摇滚都变成了噪音。殊不知，真正的滚石，历经转世轮回，千锤百炼，早已“灿若明霞，莹润如酥”，成为“通灵宝玉”。

“宝玉”是一种美，一份自由自在，没有方向，无家可归。细究其来源，通天通灵，秉承上天赋予的使命。如宝玉天生带着的“劳什子”，摔也摔不碎；毕竟那块玉来自一个古老民族原初的神话，尽管无才无用，无缘补天，却“通灵”传世。一如鲍勃·迪伦在“同行们”“击打”(beat)、“嚎叫”(howl)之时，独自一人，回归祖先圣城耶路撒冷，面对哭墙沉思冥想，追念祖先神明，并为人类祈祷：

问一个人要走多少路，才能有人的称号？
问小白鸽还要飞多远，才能在沙里睡觉？
问大炮还要轰多久，才能彻底销毁掉？
我的朋友，答案在风中飘，答案在风中飘。

这祈祷平和温柔，却是一种持久的召唤与反抗。尽管孤单无助，无依无靠，在红尘世界永远是个局外人；“天不拘兮地不羁，心头无悲亦无喜”；这块滚石宝玉就这样从大荒山无稽崖滚落，汲天地日月之芳华，一扫整个世界的污浊之气，“破一时之闷，醒同人之目”，将祖先高洁的灵魂传于今世，直到永远。

第五章

白帝城与“上帝之城”

古罗马神学家奥古斯丁于公元413年至427年，完成了神学巨著《上帝之城》。

此前，公元410年8月24日，哥特人攻陷并洗劫了罗马城，帝国上下一片恐慌，异教徒乘机大肆攻击基督徒，认为罗马城之所以沦陷，皆因背叛了本民族众神而改信基督教的缘故。一时间，基督教倍受打击。在此背景之下，奥古斯丁坦言：“我对上帝之家的向往由此被点燃，并推动我去捍卫上帝之城，反对它的攻击者的指责和歪曲。”

在《上帝之城》中，奥古斯丁问道：假如古罗马固有的诸神能够保佑城邦的安全，那么为何当初“特洛伊作为罗马人祖先的居住地，却不能在她神祇的圣地，保护自己的公民，使他们免遭希腊人的火与剑；尽管这些希腊人崇拜同样的火与剑，尽管这些希腊人崇拜同样的神灵”？非但如此，在朱诺女神空荡荡的廊柱下，侵略者展示着自己丰厚的战利品，“从各处火烧的庙宇里抢来的特洛伊珍宝，神的供桌，纯金酒樽，抢来的衣服，周围还站着一长列的儿童和面色惨白的妇女”。更何况“在这座城（罗马城）遭难时，圣堂之门打开了，接纳所有前来避难的人，无论他们是基督徒还是异教徒。嗜血的敌人在圣堂的门槛前止步，克制了他们的怒火”。“然而，这些逃过劫难的民众现在却谴责,把重临这座城的灾难归咎于基督。”奥古斯丁总结道:“有两种爱创建了两座城:爱自己,以至于轻视上帝的人,组成了世俗之城;爱上帝以至于轻视自己的人,组成了上帝之城。”

上帝在上,又称“天”,我族先民通过祭祖祭天,来祭祀上帝;因为祖先的灵魂离上帝最近。如徐梵澄先生在《孔学古微》中说:“在孔子时代,人们相信‘天’在上,逝去的祖先在‘他’之侧,所有祭祀都献给‘他’。时至今日,这仍是中国正统的信仰。”而这里所说的“他”,既是祖先的祖先,是天,也是上帝。

从形式上看,如《礼记·王制》云:“天子祭天地,诸侯祭社稷,大夫祭五祀。”层次分明。但从本质上讲,这个层次、等级并不存在。如徐梵澄先生认为,“仁”即“神圣之爱”。而“仁”即“二人”,指人与人之间的关系。孔子的“仁爱”思想,正是通过人与人之间,及后人与祖先之间的爱,来实现人与天、人与上帝的“神圣之爱”;这种“爱”既是上帝对人的恩典,也是人对祖先、上帝的信仰,是人通过祖先与上帝合一。

孔子说:“仁远乎哉?我欲仁,斯仁至矣。”上帝也是如此;通过祭祖、爱人,上帝就在我们中间,只是有些话未必一定要说出来。就像你爱一个人,未必要将他的名字挂在嘴边。我族先民信仰与爱的方式,也大致如此。口中不说,却在心里祈祷、祭祀。

如前文提到:“谛,祭也,或大祭也。”周时王室五年一大祭,以合祭列祖列宗。“王者,禘其所自出也”,又“因天道之成而设禘祫之享,皆合先祖之神而享之”。禘祫,即合祭先祖。如徐梵澄先生在《孔学古微》中描述的这样一幕动人场景:

> 在中国的大地上,一个寒冬的黎明前,宽大的庭院内燃起一堆篝火,四处燃着明亮的火把,成排的蜡烛和灯台照亮祭坛,并投向了黑暗中的一切。由贵重金石制成并绘满几何图案的祭器,犹显神秘。被宰杀献祭的各种动物,连同食物

和醇酒陈列于前。不同等级的贵族和官员,身着华丽的深色礼服,或沉默伫立,或深深鞠躬,连同地面都装饰得十分斑驳。主祭高声引领整个仪式过程,反复诵读颂词,不断咏唱赞歌,器乐间隔奏起,舞蹈的男童身着制服,手持礼兵器。天子祭拜在上帝之侧的祖先,祭祀仪式延续若干时辰,在平静和谐的氛围中,依次抬出所有祭器。这庄严的景象与天主教的弥撒或世界上任何其他宗教仪式有什么不同吗?中华民族之魂确乎是在这一刻以其完备的荣耀之感和壮美之姿呈现而出,古代人民以此而文化,以此而转入人之神性世界。这亦即是周代礼制的真义。

"观看"这一幕场景,就仿佛站在这黎明前的庭院,祖先祭祀的行列,上帝之城中;晨风清和,周遭的世界都被烛火映红。在庄严圣乐与风雅颂的唱诗中,我看见眼前一会儿是父亲,一会儿是祖先,一会儿是赤帝、白帝——上帝分身散体,变幻色彩与身形。除了祭祀、默祷,还能再说什么。

原来祖先崇拜与信仰上帝本为一体;上帝无名无姓,无影无形,或无处不在,有众多色彩、形象与姓名;"无有一无有",在心中浑然一体。真正的区别不在于姓甚名谁,而在于信与不信。对于一个信仰者而言,"上帝之城"可以在世界任何一个角落,任何一个国度;一如祭祀祖先、神灵,可以在任何一座城。而今,在我看来,人在一座城池思念祖先,并通过祖先直达上帝。

孔子说:"仁者,亲也。"先民就这样通过亲祖先、亲亲人而亲近上帝,成就神圣使命:天人合人,人神合一。

在《上帝之城》中,奥古斯丁详述了罗马原先的多神教与基督信仰之间的矛盾冲突。在我族先辈心中,各种哲学思想与宗教精神融会贯通,尤其是在"百家争鸣"之后,逐渐合为"道"与"一"。"吾道一以贯之";也正是这个"一"字化干戈为玉帛,化抽象为具体。时至今日，“三春过后诸芳尽，各自须寻各自门”。人类在历尽沧桑及惨痛历史教训之后，是时候各自回家，回归各自祖先文化与宗教信仰中去了。

人可以说自己“找到了”，但不可唯我独尊，认为别人都是错的，只有我找到唯一真理。如果人类真有一个家，就是“各回各家”；真有一个唯一，就是“惟初太始，道立于一”。关于“道”，从前在纽约流浪街头时，我曾在日记本上写道：

> 现代文明疯狂发展，必然将人们带进一个新的洪荒时代，当人们无依无靠、无所适从、无家可归的时候，他们就自然而然地“入道”了。的确，越来越多的人已经入道，而他们却像果实成熟一样浑然不知。也许这就是当今世界最大的秘密：道是一切宗教的非宗教，一切非宗教的宗教；它瓦解了一切地域性的信仰偏见，却又在更高的山顶、更深的河谷确立神的荣耀。

回头看，那时真是年轻，还没“入道”，就已经“出道”了。我常想，人类若是各自崇拜自己的祖先，隐去诸神名字，共同崇拜天地，不知将免去多少纷争，多少流血牺牲！而作为一名漂泊者，我曾在异国他乡听见祖先的召唤，并回到长江边的故园。一次次沿江采风，对我而言无异于朝圣。终于，我登上了白帝城。

白帝城，坐落在重庆奉节城东，长江北岸的一座小山岗，正对瞿塘峡口。城中古庙重叠，石碑林立。在古代神话传说中，天称皇天，亦称上帝，化身五方帝，即东方青帝太昊（伏羲氏）、南方炎帝（神农氏）、中央黄帝（轩辕氏）、西方白帝（少昊）、北方黑帝（也叫玄帝，颛顼［zhuān xū］）。白帝，为五帝之一，掌管西方，五行对应金，季节对应秋，五色对应白，五帝中，对应少昊。白帝亦为司秋之神。

《红楼梦》第七十八回，写到宝玉作《芙蓉女儿诔》祭祀晴雯：

维太平不易之元，蓉桂竞芳之月，无可奈何之日，怡红院浊玉，谨以群花之蕊，冰鲛之縠，沁芳之泉，枫露之茗，四者虽微，聊以达诚申信，乃致祭于白帝宫中抚司秋艳芙蓉女儿之前……

原来这“抚司秋艳芙蓉女儿”，住在“白帝宫”中。而具体到“白帝城”中之“白帝”，可追溯至汉高祖刘邦斩蛇。据《史记·高祖本纪》载：当年汉高祖刘邦做亭长时，为沛县押送徒役去往郦山。徒役大多半路逃跑，刘邦估计等到了郦山，都要跑光了，故行至丰西大泽中，便停下来饮酒，趁着夜色，让徒役们各自逃命，说自己也将从此消失。但徒役中、有十多名壮士不愿逃离而愿意跟随他。刘邦于是乘酒兴、夜色，抄小路进入沼泽，并派人上前探路，结果在前边发现一条大蛇挡路。刘邦醉曰：“壮士行，怕什么？”于是上前拔剑斩蛇，蛇分两截，道路开了。又走了数里，因为刘邦醉倒并睡着了，人们又来到斩蛇的地方，只见一位老妇人半夜哭泣。问她哭什么，老妇人回答：“有人杀了我儿子，所以我哭。”问她如何知道儿子被杀了，老妇人说：“吾儿为白帝子，化成蛇，当道，今为赤帝子斩杀，所以我哭。”人们以为老妇人说谎，正要教训她，老妇人却忽然消失不见了。等刘邦醒来，人们把先前的事情告诉他，刘邦听了心中暗喜，更加自负，跟从他的人，也更敬畏他了。

李白诗云：“赤精斩白帝，叱咤入关中。”说的正是这个典故。“朝辞白帝彩云间，千里江陵一日还”中的“白帝”，也正是指这座白帝城。

我今登上白帝城，只见门前一条白龙盘旋飞升，这尊大理石雕塑，见证了当初白帝城的来历：西汉末年，王莽篡位，手下大将公孙述割据四川。公元25年，公孙述来到瞿塘峡口，见山上白鹤井中白气升腾，祥龙献瑞，随即踏马为城，自称白帝，改原先“子阳城”为“白帝城”，此山亦更名为“白帝山”。

针对斩杀白帝子的赤帝刘邦(前 256—前 195),公孙述再度起兵造反,自称白帝,隐含白帝复活,战胜赤帝之意。可惜英雄气短,公孙述与汉室争天下十余年,公元 36 年,被光武帝刘秀手下大将吴汉击败,"洞胸坠马"而死,白帝城随之毁于战火。日后当地百姓兴建白帝庙,以祭祀白帝。

到了三国时期,关羽大意失荆州,被吴将所杀。公元 221 年,刘备为兄弟报仇,率大军攻吴,兵败猇亭,退守白帝城,改当时鱼复县为永安,永安宫即在此建立,位于今日白帝城下,奉节旧城。杜甫诗云:"蜀主窥吴幸三峡,崩年亦在永安宫。"近年长江涨水,将当年永安宫旧址,连同奉节旧城整体淹没。

《三国志·诸葛亮传》记载:章武三年(公元 223 年)春,刘备在永安病重,从成都召回诸葛亮,并于白帝城下托孤。刘备死后,诸葛亮辅佐后主刘禅,并于建兴五年(227 年),上奏《出师表》,出师北伐,"鞠躬尽瘁,死而后已",留下千古英名。

明正德五年(1510 年),四川巡抚林俊以公孙述背叛汉室为由,将白帝庙改为三功祠,以祭祀土神、江神与汉将马援。

明嘉靖十一年(1532 年),巡抚朱廷立改三功祠为义正祠,祀蜀汉昭烈帝与诸葛丞相,取"先主武侯同宫门"之意。

嘉靖三十六年(1557 年),巡抚段锦又增关羽、张飞与诸葛亮祖孙三代像,改义正祠为明良殿,取"明君良臣,千古垂范"之意。自此"白帝庙内无白帝,长祀蜀汉人物"并沿袭至今。

尽管现如今永安宫沉没,长江两岸沧海桑田,每登白帝城,思亲怀古,常想起《出师表》所言:"诚宜开张圣听,以光先帝遗德,恢弘志士之气;不宜妄自菲薄,引喻失义,以塞忠谏之路也。"也正是在白帝城,我找回消失的神话线索,找到属于自己的故园圣城。

因为这里曾生活着我的世代祖先。当年,杜甫曾坐在白帝城下吟咏:

夔府孤城落日斜，每依北斗望京华。
听猿实下三声泪，奉使虚随八月槎。
画省香炉违伏枕，山楼粉堞隐悲笳。
请看石上藤萝月，已映洲前芦荻花。

这首《秋兴》（之二）是杜甫当年漂泊至夔府（今奉节白帝城下），于白帝城下遥望长安，思念故园所作。金圣叹叹曰："此是身历苦境，故下一'实'字。"我曾坐在奉节旧城正在拆迁的"依斗门"下默读此诗，感觉其中"虚"字比"实"字更实；或者说这一"实"一"虚"对得奇绝——"听猿实下三声泪，奉使虚随八月槎"，并引出一片虚境，一个神话典故：旧时传说，天河与海通，海岛居民见每年八月，有浮槎（木筏）按时来去，便心生奇志，打点行装，于槎上建楼阁，并乘槎而去；以为能如期归来，却不想乘槎十余日，仍见满天日月星辰，其后缥缈恍惚，不觉长夜已尽。走了十多个月，忽然来到一处仙境城郭，屋舍齐整，宫中见牛郎织女云云。此后又传说汉武帝时，张骞奉命出使西域，寻黄河之源，因乘槎至天河，到达牵牛星旁。杜甫又有诗云："乘槎消息断，无处觅张骞。"下文"画省香炉违伏枕，山楼粉堞隐悲笳。"即在香烟缭绕的尚书省，想起故园故人，辗转反侧。"伏枕"一词，见于《诗·陈风·泽陂》：

彼泽之陂，有蒲菡萏。
有美一人，硕大且俨。
寤寐无为，辗转伏枕。

今译：

那荷塘山坡，，有蒲与荷。
有美一人，高大庄严。

相思无眠，辗转反侧。

“山楼”在此，正是白帝城。白帝城就这样精光内蕴，成为神话的家园，我的圣地圣城。

孔子说：“文王既没，文不在兹乎？天之将丧斯文也。后死者不得与于斯文也；天之未丧斯文也，匡人其如予何？”

而今“文王既没”，“斯文”尤在；或者说“斯文”在与不在，在天地，你我。太多的诅咒不绝于耳，太多的谣言蛊惑人心；我辈不为所动，只因“日月梦影印魂灵”，天光注入我族血脉。

第六章

屈原与秭归

秭归，位于湖北省宜昌市，长江西陵峡两岸，西汉置秭归县。根据《水经注》记载："秭归，屈原之乡里也。县北一百六十里，有屈原故宅，其地曰：'乐平里'。"我曾去秭归旧城采风，下船就问：秭归为什么叫秭归？

码头上的老人告诉我：相传屈原有个姐姐，听说屈原被放逐，便赶回家乡，所以这里就叫秭归。还有一种说法：那年五月初五，屈原的幺姑在河坝上洗衣服，就听见规鸟儿在树上叫着"吾哥回，吾哥回！"抬头一看，江面浮出一条神鱼，背着屈原回来了。屈原归来，姊妹团圆，所以这里就叫秭归。

在秭归旧县城，一位老太太还跟我讲了一个"望娘滩"的故事，她说这是从前，她的外婆告诉她的：从牛江到秭归，共有24道石梁，叫"望娘滩"。相传从前，有一群孩子在河坝上玩，在一个草垛里拣到一颗珠子，大家都争着要玩。一个孩子最先抢到，就把珠子放进嘴里，结果不小心吞下去，然后就觉得口渴，跑回家去喝水，喝了碗里的水又喝缸里的水，把家里的水都喝完了，还觉得渴，就跳到江里去喝，结果喝着喝着就变成一条龙游走了。孩子的母亲很伤心，就在后面喊："儿呀，你回来！儿呀，你回来！"母亲喊一声，龙就抬起头来回望一眼。母亲一共喊了二十四声，龙就二十四次抬头回望他的母亲，在江上形成了二十四道石梁，叫望娘滩。

重读《离骚》，才发现，“秭归”及“望娘滩”的传说几乎可以看作《离骚》的“民间版”。离骚，即离乡之忧愁。与“离”相对，则是“归”；“秭归”之“归”与“望娘滩”之“望”，正出现在《离骚》结尾：

驾八龙之婉婉兮，载云旗之委蛇。
抑志而弭节兮，神高驰之邈邈。
奏《九歌》而舞《韶》兮，聊假日以媮乐。
陟升皇之赫戏兮，忽临睨夫旧乡。
仆夫悲余马怀兮，蜷局顾而不行。

今译：

正当我驾八龙、载云旗在天边盘旋游走，
抑制心志，缓缓徐行，让神思缥缈，高扬清虚。
奏《九歌》，舞《韶》乐，尽享受欢愉，
直至升至灿烂云天，却忽见云层下的故乡；
车夫悲伤，我的马儿也蜷缩不前，回头张望。

《离骚》最后一句写道：

国无人莫我知兮，又何怀乎故都！
既莫足为美政兮，吾将从彭咸之所居！

今译：

既然国人都不理解我，我又何必怀恋故都？

既然无从实现政治理想，我不如随彭祖、巫咸而去！

此处“彭咸”，可以诗证诗。李贺诗云：

南风吹山作平地，帝遣天吴移海水。

王母桃花千遍红，彭祖巫咸几回死。

神话传说中，王母娘娘的桃树三千年一开花，这样的桃花开了千遍，可想而知是多长时间，彭祖和巫咸均为传说中的长寿老人，若是他们都死了好多回，那又是多久——《离骚》末句，即回归自然之永恒。

果然神话只有一个，那位登上辉煌云天的诗人，忽见云层下的故乡；车夫悲伤，马匹也蜷缩回头的情景，恰似那个变成游龙的孩子，听见母亲的呼唤而频频回头张望。如《史记·屈原贾生列传》云：“人穷则反本，故劳苦倦极，未尝不呼天也；疾痛惨怛，未尝不呼父母也。”古往今来，儿女遭遇离乡忧愁，听见天地父母召唤，无不流连张望，一步三回头。

神话只有一个，万变不离其宗。如毕加索说：“艺术没有过去，也没有将来——古希腊艺术和古埃及艺术，放在今天，甚至比它们在当初更有生命力。”《离骚》《诗经》莫不如此。当神话传说与经典诗歌相汇合，即刻唤醒我族精神血脉，悠远长河。

一方水土养一方人。在秭归旧城，随处可见“屈原”行吟泽畔，或站在红土山坡。橘林在风中吟咏《橘颂》：

后皇嘉树，橘徕服兮。
受命不迁，生南国兮。
深固难徙，更壹志兮。
绿叶素荣，纷其可喜兮。

只要听见这样的召唤，看见屈原身影，天涯游子就会重新聚拢。在秭归采风，我确信屈原正是秭归的“守护神”，是活生生的“神话象征”，他存活至今，完好无损，并时时“唤醒并引导生命的能量”。如坎贝尔所说，“社会中任何一个群体，一旦听到了他们的核心象征的召唤，即使相隔天涯，他们的精神世界也会奇迹般地在这个旗帜下实现统一。之所以如此，只因他们拥有同一个信仰”。反之，“如果社会群体提供的象征不再起作用，而那些仍在起作用的象征也不再为这一群体所有，那么，单独的个体就会像一盘散沙，孤立迷茫，这时我们面对的，就是象征的病变”。

我们正处在这样一个十字路口：要么在精神上分崩离析，成为一盘散沙；要么重新找回“核心象征”，如倾听母亲的呼唤，重返故园。在屈原故里、昭君故里，我发现神话传说可以帮助我们找回失却的故园，与内心深处的自我，远古的祖先重逢。其时其地，我真正感受到一种久违的大欢喜。如天各一方的族人，一听屈原、昭君的名字，便即刻化解纷争，亲如一家。唯有这“核心象征”能使我们重新凝聚。

据《秭归县志》记载，秭归出土的朝天嘴文化遗址，呈现出公元7000年前新石器时代的文化遗迹。到了商代，商王武丁南下（约前13—前12世纪初）、文丁（约前12—前11世纪初）征伐，都占领了归州。西周成王时期（约前11—前10世纪初），成王封熊绎以子男之田于楚蛮，建都丹阳。秭归，为楚子熊绎始封丹阳故地之一。春秋战国时期，周显王三十年（前339年），屈原诞生于楚国归乡乐平里。秦始皇统一中国后，分天下为郡县，归乡属南郡。东汉时期（建武十二年，公元36年），光武帝刘秀命大司马吴汉率南阳兵三万人，取道秭归，进击白帝公孙述。永元十二年（公元100年），闰四月戊辰，秭归新滩山崩，压死百余人。建安十四年，刘备部将张飞屯兵秭归。建安二十四年，东吴陆逊取宜都，获秭归。三国时期，刘备伐吴，占领秭归。吴黄武元年（公元222年），刘备兵败猇亭，退还秭归，集合散兵，退还鱼复……

县志还记录了“归州八景”，不同时期，略有不同。清代同治五年(公元1865年)版《归州志》中，归州八景为：

“新滩寒雪”，新滩寒雪时，瑞气升腾，若云非云，似烟非烟，雾霭缭绕。

“玉洞灵泉”，指玉虚洞中，清泉常流。

“屈沱野渡”，州东五里，北岸为屈公祠，祠后有墓。每岁端午，赛龙舟祭祀屈原。

“佛屿孤灯”，源于流来观。相传西蜀有一尊佛流来至此，潆洄不去，土人建观于上，题曰古金山寺，俗称流来观。枯水期间，可以徒步而上。春夏涨水后，四面环水。流来观门前靠长江一侧，原伫立一高杆，上悬航标灯，上下船都能看见。

“归峡风帆”，入蜀船行至此，乘风行十余里出香溪口，有帆影络绎不绝。

“楚台烟磴(dèng)”，楚台山位于大江南岸，楚襄王建楚台。归州谚云：“牛角朝云，楚台暮雨；楚台朝云，牛角暮雨。”

“鸡笼夕照”，指鸡笼山，位于归州东二十里，因形状似鸡笼而命名，为归州左屏。诗云：“夕曛返映，浮岚如画。”

“吒溪夜月”，吒溪蜿蜒，发源于兴山县西南的龙门河林场，流经归州城西，从九龙奔江石梁群注入长江。因溪水落差大，常年冲击鹅卵石，如叱咤风云之声，故称吒溪。古人云：“州西，瞻夔门外，清溪一道，月光倒印，引手可掬。”

以上是《归州志》中的“归州八景”，秭归老人还告诉我另一个民间版本：

野渡横江流来观，
八里户，碎石滩。
九龙奔江在北岸，

缚龙帐在笔架山。
千人拱手滚子湾，
万盏明灯在坊滩。
乌牛白马四鸡蛋，
吊井芦葫莲花湾。

相传早先从长江上游流来一具和尚尸体，人们为他在江中山岩上建起一座流来观。这一块奇异的山岩横在江中，水涨它也涨，从不沉没。

“八里户”是指吴姓人家。明朝开国皇帝朱元璋采取江西填湖北，湖北填四川的移民政策，吴姓十兄弟仁、义、礼、智、信、财、帛、龙、虎、朝，其中有两个去了四川，另外八兄弟在湖北各立门户，称“八里户”，他们所处的地域原先是一片碎石滩。

“九龙奔江”说的是从前有九位孝子想把父亲葬在河中间，就坐船载着父亲的棺木守在江上。半夜子时，莲花盛开，水分开两边，九位孝子就将父亲的棺木投入其中。

乌牛、白马是两座石梁，两边有四个漩涡，形似鸡蛋，故云“乌牛白马四鸡蛋”。传说乌牛站在金桌子上，下面有座金矿。“千人拱手”是众人划船的景象。有船歌云：“中流伏石如蛟龙，纸船全赖铁艄公。”

“吊井芦葫莲花湾”，是指秭归地势像一只葫芦，有“金线吊葫芦”的传说。

这是百姓口传的“秭归八景”。秭归老人还告诉我：秭归的牛耕地不用鼻绳；红米三颗一寸，人称“三颗寸”。还有一股清水从悬崖上冲下来，正好可以舂米，后来也不知从什么时候起，就没有了。迎和门下一位卖糖果的老翁对我说，秭归原先是个葫芦地，县官谁来也坐不住。清朝嘉庆年间来了一个侯县令，去峨眉山学了三年阴阳，回来在秭归造了一座顶心门，破了芦葫底，从此县官就做稳了。

老翁还告诉我，清朝年间，秭归有东南西北四座城门，现在的西门、北门已经不在了，还剩下东门和南门，东门改了名成为现在的迎和门。

秭归人去世之后，不像别处睡黑房子，这里人睡的是红房子，并有亲人“绕棺游索”——头上披一块白布，腰间系一条绳子，手里拿一根竹竿，绕着棺木游索，并请人打丧鼓、吹唢呐、唱挽歌。

传说二碑湾这个地方，有人夜晚经过，就听见“碑碑，碑碑”的叫声，人们就在这里建了两座碑，称“二碑湾”。

在长江边的古镇，各处都有自己的神话传说和“八大景”，遗憾的是我们知道的不多。许多珍贵的历史记忆、神话传说，不知不觉间，在我们这一代失传了。

第七章

昭君与兴山

在秭归旧城原先“屈原故里”的牌匾之下，我曾见过两块黑色残碑：“楚大夫屈原故里”和“汉昭君王嫱故里”，均刻于“大清光绪十二年正月吉日”。原来昭君出生地“昭君村”即在归州(今日秭归)东北四十里。两处“故里”如今均已沉入江底。我曾沿香溪河进入兴山，在那里，同样找到“神话的家园”。

兴山为什么叫兴山？据《兴山县志》(光绪版)记载：“环邑皆山，县治兴起于群山之中”，故名兴山，迄今已有1700多年历史，这里正是昭君故里。诗云：

黑水茫茫咽不流，冰弦拨尽曲中愁。
汉家制度诚堪笑，樗栎应惭万古羞。

这是《红楼》之中，薛宝琴的《青冢怀古》。《红楼》中另有一首《明妃》，是黛玉所作的《五美吟》之一：

绝艳惊人出汉宫，红颜命薄古今同。
君王纵使轻颜色，予夺权何畀画工？

可见,“红楼”作者为昭君愤愤不平,认为汉代“和亲”隐含屈辱与不公。所谓“和亲”,是指汉皇帝为了边塞安宁,避免与北方匈奴发生战争,派出汉家女子,嫁给匈奴单于(匈奴首领)。用今天的说法,就是以“美人换和平”。和平固然美好且弥足珍贵,而这千钧重担落,竟落在一个弱女子身上。此人便是王昭君。

“和亲”的历史,可追溯到公元前200年,汉高祖刘邦登基七年之后,为了平定北方边境,亲自率30万大军,北上扫荡匈奴,不想被强大的匈奴军队围困,当时就有一个叫陈平的人献了一条“秘计”,使刘邦突围脱险。据学者分析,这个秘计正是“和亲”,即派遣一位汉代公主与匈奴首领成亲。因为有损汉室尊严,故秘而不宣,由此开启了“和亲”先例。总之,“和亲”在历史上确有其事,至今争论激烈不提。王昭君不是“和亲”第一人,也不是最后一人。只是不幸中的万幸,她被历史记住,并流芳千古。

唐代诗人张仲素诗云:

> 仙娥今下嫁,骄子自同和。
> 剑戟归田尽,牛羊绕塞多。

清代女诗人郭漱玉诗云:

> 竟把琵琶塞外行,非关图画误倾城。
> 汉家议就和戎策,差胜边防十万兵。

这些都是溢美之词。然而也有不同的声音。唐代武则天时期,左史东方虬诗云:

> 汉道方全盛,朝廷足武臣。
> 何须薄命妾,辛苦事和亲。

回顾“昭君”形象在史书中的衍变，或将有所发现。《汉书·元帝纪》记载：

竟宁元年（公元前33年）春正月，匈奴呼韩邪单于来朝。诏曰：“匈奴郅支单于背叛礼义，既伏其辜，呼韩邪单于不忘恩德，乡慕礼义，复修朝贺之礼，愿保塞传之无穷，边垂长无兵革之事。其改元为竟宁，赐单于待诏掖庭王樯为阏氏。

《汉书·匈奴传下》记载：

郅支既诛，呼韩邪单于且喜且惧……竟宁元年，单于复入朝……自言愿婿汉氏以自亲。元帝以后宫良家子王墙，字昭君，赐单于。单于欢喜，上书愿保塞上谷以西至敦煌，传之无穷，请罢边备塞吏卒，以休天子人民。

在这些记录中，王昭君只是政治斗争中的一个棋子，国与国之间的一件“礼物”。其中关于她的个人记录，只是“后宫良家子王墙，字昭君，赐单于。单于欢喜”，以至“上书愿保塞上谷以西至敦煌，传之无穷，请罢边备塞吏卒，以休天子人民”。

但是，到了《后汉书·南匈奴传》中，这段历史却被“颠覆”。

昭君字嫱，南郡人也。初，元帝时，以良家子选入掖庭。时，呼韩邪来朝，帝敕以宫女五人赐之。昭君入宫数岁，不得见御，积悲怨，乃请掖庭令求行。呼韩邪临辞大会，帝召五女以示之，昭君丰容靓饰，光明汉宫，顾景裴回，竦动左右。帝见大惊，意欲留之，然难于失信，遂与匈奴。生二子。及呼韩邪死，其前阏氏子代立，欲妻之，昭君上书求归，成帝敕令从胡俗,遂复为后单于阏氏焉。

在这段记载中,在尊重史实的基础之上,作者范晔全注入了全新的笔调和眼光。首先,看王昭君的名、字、号。《汉书·元帝纪》称昭君为"王樯";《汉书·匈奴传下》又说"王墙,字昭君","号宁胡阏氏"。而《后汉书》却说"昭君字嫱"。这里除"宁胡阏氏"显然是政治封号外,王昭君、王樯、王墙、王嫱,究竟有什么区别?原来,王昭君除"王"姓可以确定外,其他名与字都在随着其特殊身份与命运而发生改变。

王昭君以民女被征入宫,仅"待诏掖庭",初无封号,其名字不会被注意。后宫佳丽三千,不可能都获得"封号"。"王樯"之"樯",《康熙字典》释为"船樯帆柱也"。因此,"王樯"即一位船载而来的王姓女子。《汉书》之后又称她为"王墙",墙与樯,用字不一,或同音假借。到《后汉书》时,作者范晔又将"王樯""王墙"统一改为"王嫱"。在《说文》中:"嫱,妇官也。从女,墙省声。"范晔或许认为,王昭君赐嫁匈奴单于,当已具宫中女官资质,故改"樯""墙"为"嫱"。后世也由此称"王嫱"至今。"昭君"抑或为封号而非字号。

意大利美学家克罗齐说:"一切的历史都是现代史。"其实在任何时代,人们在书写历史时,无不渗入自己的主观意志与价值判断。在《汉书》里,我们看见的只是一个简单史实:汉元帝将"后宫良家子王墙"赐予匈奴呼韩单于。在这里,昭君王樯,只是一件"礼物",并非一个人,既无尊严,也无主观意志。但在《后汉书》里,昭君已然成为一名具有独立意志、个人情感,富于反抗精神的"新女性";她用自己的惊世美艳,捍卫的不仅是国家,更是作为一名良家女子自身的人格与尊严。细看范晔笔下,面对皇帝,面对交战双方两国首领,这位被"雪藏"后宫的无名女子,勇敢请缨,呈现自我生命之美,大胆表达出自我的主观意愿——与其说是昭君意志,不如说是后世之民愿民心。所谓"光明汉宫",即相比于昭君之美丽光明,汉宫黯然失色,皇帝大惊,意欲留之不得。寥寥数笔，颠覆历史，触目惊心，并启示后人：尽管过去的历史无法改变，但我们对史实的认知可以不断突破局限而有所发现，有所创新。从某种意义上讲，我认为昭君的传奇故事始于范晔笔下。

李白《王昭君》诗云：

昭君拂玉鞍，上马啼红颊。
今日汉宫人，明朝胡地妾。

杜甫《咏怀古迹》云：

群山万壑赴荆门，生长明妃尚有村。
一去紫台连朔漠，独留青冢向黄昏。
画图省识春风面，环佩空归夜月魂。
千载琵琶作胡语，分明怨恨曲中论。

首句一个“赴”字激活山势；群山听说昭君传奇，即跨越万壑而奔赴至此，参拜美人。而“一去紫台连朔漠，独留青冢向黄昏”中，“紫台”指紫宫、汉宫。“朔漠”，即北方沙漠，匈奴居所。史书记载，王昭君去世后，葬于呼和浩特市南郊，坟墓依靠青山，故称“青冢”。此句两动词“连”与“向”直指人心，触动心弦。“画图省识春风面，环佩空归夜月魂”中，“省识”即“忽略而未曾识得”，暗指皇帝仅凭画像，怎识得春风貌美？末句，指“千载琵琶”本来弹出的只是胡人心语，自昭君之后，其中又包含多少千古遗恨。故清代唐汝询认为：“此篇温雅深邃，杜集中之最佳者。”清代沈德潜也评论道：“咏昭君诗，此为绝唱。”

沿香溪而行，从秭归乘车进入兴山县昭君故里，这一路可明显体会到，神话及传奇人物已然成为一方水土之“守护神”与“核心象征”。

正如屈原是秭归的守护神,昭君已成为兴山守护神及幸运女神。屈原、昭君之形象早已深入人心,时时保佑我族。“受天之祜”,我们是否也有责任守望守护我们自身之神圣故土?近十多年来,我沿江采风,沿途逢凶化吉,采得“风雅颂”,连同散落在沿江各地的神话与传说。比如在兴山县昭君故里,我一路寻问,老人便告诉我——

这香溪又叫彩石溪,你看,这一段红,那一段绿。相传昭君乘船离家时,各色龙王一路相送,泪如雨下,泪水浸染了溪水与水中卵石,香溪从此成了彩石溪。

相传昭君的母亲曾于楼台望月,明月扑入怀中,生下昭君,故灿若明月,美如天仙。

传说干旱之年,昭君与众姐妹以金钗掘井,感动上苍,忽有青龙从天而降,水井掘成。此井以楠木为盖,又称楠木井。诗云:“青龙住水井,吉祥降宝坪。”兴山宝坪村,正是王昭君出生地。

日后昭君远赴长安,遥望故乡,托白鸽捎信回家。白鸽远行千里,落在家乡的珙桐树上,变作白花朵朵。珙桐树在兴山随处可见,人们见花如见人,时时思念昭君。

还有娘娘泉的传说。相传昭君幼时掘井不成,远嫁漠北之后,就在她被封为“宁胡阏氏”的那天清晨,家乡岩缝间突然涌出一股清泉,汇入碧潭。据说这是昭君出塞的造化,故称之为“娘娘泉”。娘娘泉在一家“昭君旅社”旁边的几株大芭蕉树下,至今泉水丰盈,清澈甘甜。

相传昭君离家途中,在山洞里遗落一只绣花鞋。那个山洞从此就叫绣鞋洞。兴山百姓常去那里烧香求子,因“绣鞋”在当地方言中音同“秀孩”,故传说可求子得福。

在兴山旧城,还有其他一些神话传说。老人们告诉我——

1949 年之前,天不下雨的时候,就有人拿着棒棒去打龙洞,逼龙王下雨……

从前龙洞里还发现了好多金杯、金碗,群众都去探洞,洞就被封了。那是在光绪之前。

还有传说,谁家若举办婚礼,可以去龙洞借金杯、金碗,龙王小姐会亲自捧出来,但不可回头看。可有一次,终于有人忍不住回头看了一眼,惊为天人,但自此以后,就再也看不见龙王小姐,也借不出金杯、金碗了。

相传有一年八月十五,一个姓伍的先生看见天门开了,天光好白好亮,就连连摸自己的胡须,以后这家人辈辈都长得好胡须。

在兴山有两条河汇入香溪,一条大河,一条小河,出自同一个龙洞,那里叫白龙挂须。

从前兴山有许多庙,像关庙、城隍庙、三关庙、土地庙。土地庙不大,只供着一尊菩萨,每年大年三十都很热闹。孩子们在里面玩,就看见好多烧好的猪头、鸡子供在菩萨面前。还有那里的和尚都很和蔼。有个和尚死了就坐在缸里,缸上又扣一个缸,再用石头砌成一座宝塔。关庙死了几个和尚,都砌了宝塔。

兴山也有"兴山八景":"妃台晓日""屈洞寒烟""凤凰展翅""扇岭啼猿""五指列秀""橘林驯鹿""珠潭秋月""仙侣春云"。"妃台晓日"指曙光初照山间楼台,那里传说是昭君的梳妆台。"屈洞寒烟"是一座烟雾缭绕的山洞,相传屈原年少时曾在那里读书。其余景象,均为山间美景及山势山形。

兴山、秭归、白帝城,每座古镇都具体而微。循着这些神话传说、历史记忆,我找回了失却的故土、神话的家园。心灵在此与故人重逢,并获得喜乐安宁。

第八章

“未知生，焉知死”

有时候，认知经典，须结合一个神话传说，或一段生命体验。

神话传说，如“示”部汉字，隐含密径光河，通往民族之魂，祖先之灵。

十多年的亲身经历告诉我，即便在当代，循着内心的召唤，巡游采风，一样可以认知传说的来历，找出神话脉络——一些“象征意象”从未消失，早已深入人心，一旦被唤醒，即刻释放出巨大能量。然而所有这一切，并非写在课本中，而深藏民间、个人与家族的记忆之中，遍布江河大地。一旦触及，仿佛失散的亲人久别重逢。

比如在重庆涪陵的一座老茶馆里，一位老弟兄跟我说起杨柳街的传说——

明末清初，张献忠的部队攻入四川，见人就杀。这一天，一位将军领着一队兵马杀至街口，就看见一位母亲带着两个孩子从老街走出来，但奇怪的是，她把大的孩子背在肩上，小的牵在手中。这位将军便上前问道：“你这妇人为何违反常理，把小的牵在手里，大的却背在肩上呢？”母亲回答说：“因为大的是我哥哥的孩子，小的是我自己的孩子，而我哥哥已战死疆场。”将军听了深受感动，随手折了一根杨柳枝递给母亲，让她拿回去插在家门前做个标记，这样等大队人马到来，看到谁家门前插着杨柳枝，就不杀这家人了。说完，就领着兵马走了。没过多久，大队兵马果然杀到这条街，只见家家户户门前都插着杨柳枝，将士们便如潮水般退去。日后，这些杨柳枝渐渐长成柳树，这条街就叫杨柳街。

初听杨柳街的传说，我就感到如此亲切，深受触动。为何？或因这“杨柳”连着《诗经》：

昔我往矣，杨柳依依。
今我来思，雨雪霏霏。

“柳”字，通“留”，即留住时光，留住亲情故友。“杨柳枝”在我族内心已达成共识，成为“核心意象”，无声地召唤着族人对于故园亲人的思念与祝福。

在此，即便是杀人魔王也被震撼感动，随即放下武器，化干戈为玉帛。天各一方的同胞由此达成默契，一种超宗教的喜悦如甘露普降，滋润心灵。民间神话与“核心象征”彼此呼应，我们由此找到本族的“专属神话”。如唐代诗人韦庄诗云：

江雨霏霏江草齐，六朝如梦鸟空啼。
无情最是台城柳，依旧烟笼十里堤。

孔子说：“未知生，焉知死。”我族先辈不谈死亡，“敬鬼神而远之”，而有位台湾学者据此认为，“儒家思想不敢直面死亡，蛮浅薄的”。

这好比一个孩子想要天上月亮，母亲递给他一面镜子，于是，月亮便出现在镜子里，活灵活现，光照人心。孩子笑了，他瞬间理解了母亲的慈爱与智慧。可偏偏也有这样愚钝的“孩子”，把镜子狠狠摔在地上，并责骂母亲，说：“你骗我，你太浅薄，这是月亮吗？”好吧，这样的“孩子”你能拿他如何？而更可悲的是，说这话的人已不是孩子，如此信口开河，并圈粉无数。可见许多人既不想读书又懒得动脑筋，只想像听评书一样轻而易举地获得“传统文化精髓”。

在重庆万州新田古镇，我曾去拜访一位民间画家陈永堂先生。陈先生跟我说起许多新田往事和神话传说，还亲笔给我画出了新田地势“九朵莲花三枝藕”，我内心的感激之情无以言表，只是答应下次再来看陈先生。等到下次我再去新田，给陈先生打电话，电话里传来他女儿的声音，是用重庆方言说的：“不在了。”我当时愣在那里，半天说不出话来。随后我才意识到，要去给陈永堂先生上坟。我随即去陈先生家拜访，通过家属找到陈先生的墓地，并按照当地习俗给陈先生祭祀扫墓、写袱子、烧纸钱，在墓前奠酒。这次经历让我深切体会到“未知生，焉知死”，传统习俗之于我们意味着什么。

一切都那么自然而然，当时我心里就想：从前答应了下次再来看陈先生的，难道就因为先生迁居土中，我就不再去看他了吗？是的，我的恩师陈永堂先生，从前住在新田高坡上一幢青砖蓝瓦的小楼里，如今住进了山背后的一座“土房子”。我从前去看他，现在来看他，将来也还会再去看他的。有诗为证：

祭恩师陈永堂先生

墓碑轻轻拨开野草，
向我发出会心的微笑；
我远远走来，您还不知道，
还在埋头作画——
您的画笔，今日是青藤野草。

您画中的九朵莲花，
在空气中飘摇；
空气从此变得水淋淋的，

仿佛河流经过的村庄，
波光已浸透黑瓦白墙；
墙上的您的影子，
正从从前向我走来——

而这一次，您只用青藤说话，
泥土唱歌；您承担的重负，
从此只剩莲花九朵；
那三枝藕，随之浮现，
如三位女子举起的手臂，
像远道而来的陌生人问好。

您问问我，我问问您——
墓穴内外，蜻蜓飞舞，蝴蝶穿行，
一如您的画笔破土而出；
我的思念浸入泥土，
奉上深深的感恩与崇敬。

据《史记·吴太伯世家》记载，吴国公子季札当年出访时，曾北上经过徐邑。徐君（徐邑封君）喜欢季札的佩剑，又不好开口。季札心知肚明，但因为要出使上国，暂时没有将佩剑给他。等他回来再经过徐邑，徐君已经死了，于是季札解下他的宝剑，系到徐君坟前的树上。随行人员问他："徐君已死，您这宝剑还给谁呢？"季札说："不然。当初，我在心里已将宝剑赠予他，岂能因为他已去世就违背我的初衷呢？"

"让国""观乐""挂剑"为季札三件美事，传为佳话。然而，还有一件重要事情常被忽略，即"季札葬子"。《礼记·檀弓》云：

延陵季子适齐，于其反也，其长子死，葬于嬴、博之间。孔子曰："延陵季子，吴之习于礼者也。"往而观其葬焉。其坎深不至于泉，其敛以时服。既葬而封，广轮掩坎，其高可隐也。既封，左袒，右还其封且号者三，曰："骨肉归复于土，命也！若魂气则无不之也，无不之也！"而遂行。孔子曰："延陵季子之于礼也，其合矣乎！"

今译：

吴国延陵季子出使齐国，在返回途中，其长子不幸去世，就葬在嬴、博两邑之间。孔子说："延陵季子，是吴国修习周礼之人。"于是，前往观摩葬礼。看到墓穴深不至九泉，仅以平时服装入殓。掩埋后随即封土，坟墓的宽度与长度刚好掩住墓坑，站立时手向下可以按至坟头封土。封好墓穴后，送葬者袒露左臂，右臂带着袖环，大哭三次说道："骨肉回归尘土，这是命啊。然而魂气则无所不至，无处不在！"随后便走了。孔子说："延陵季子为长子举行的葬礼，合乎礼仪啊！"

"未知生，焉知死"。在先辈眼里，死者已成过往；肉身来自尘土、归于尘土，无须留恋、厚葬。但得灵魂转世，魂气无处不在，无所不至。孔子之"尚礼"也是如此——"祭如在"，事死如事生。"祭神如神在"，"在"是根本。"在"即"生"，"生"是"死"的镜子。由"生"而知"死"，由"在"而战胜"不在"。领悟到这一点，便不至于将民间一些传统习俗视为"封建迷信"或"繁缛礼节"了。

比如"做斋"，或称"坐夜"，简单说来，即遇有亲人亡故，请道士来做道场，请乐队来办丧事，打锣鼓、唱孝歌。这时，死者遗像悬在灵堂中央，灵前供奉着鲜花、果品、香烛、纸钱，还有死者生前喜爱的酒肉或点燃的香烟。遗体就停放在灵前屋角，或以白布覆盖，或已入殓。

亲人披麻戴孝，远近乡邻、亲朋好友纷至沓来，送来花圈、灵屋及各种礼物、供品，连同亲切问候与关怀。在长江边的古镇，至今保存着这样的传统习俗。这些都是我亲身经历，亲眼所见——原本以为这些都是落后地区的“陈规陋习”“封建迷信”，只是抱着看热闹的心情参与其中。一次次的亲身经历让我明白，所有这些仪式、人群，歌声、鼓乐，无非是以生之洪流，冲散死亡之阴气阴冷；在超度亡魂的同时，更帮助失丧之家渡过悲凉之夜——死亡过于阴森、凄凉，“坐夜”要的就是人声鼎沸，锣鼓喧天。众人聚在一处，宴饮娱乐，舞狮、放鞭炮；人流汇集，倍感生活生命之珍贵，亲情友情之美好。当所有生气汇成暖流，这凄凉寒夜连同死亡阴影即刻被冲散……

从某种意义上讲，“坐夜”之时，既是生死相交，也是生死较量。广大的乡村百姓，在社会现实中或为“弱势群体”，然而面对死亡却表现出惊人的乐观、豁达，强大的勇气与智慧——依靠传统习俗，人们找到了信心与依托。

通常按民间说法，死者会在“头七”“回煞”，即在死后第七天“还魂”，第七夜则是“还魂夜”。届时，丧家摆好酒食、香烛，在地上铺炭灰或草木灰，用以检验死者归来足迹。再用一根竹竿插在门前台阶，或死者落气之屋檐下，隔一尺贴一张纸钱，引领阴魂进屋；或烧一个纸梯子，好让阴魂登天。满百日和周年时，还要烧纸祭奠。另有“烧七”习俗，即从死者去世之日算起，每七天为一个祭日，称为“头七”“二七”“三七”“四七”“五七”“六七”“末七”，共计四十九天。按民间传说，人有三魂七魄，死后一年去一魂，七天去一魄，三年魂尽，七满魄尽，所以要“烧七”祭祀。凡此种种，一言以蔽之，是亡人留恋世间，更是生者对于已故亲人深深思念。

“未知生，焉知死”。死亡原本是一面黑镜子，照出生死路上生死相依：魂归来兮，因留恋人世；生者也因思亲念亲与亡魂重逢。生死相逢，先人成仙，灵魂即刻上天入地，踏上超越生死的神奇旅程。有孝歌为证。

“开坛”唱道：

巍巍宝座临金殿，灿灿霞光照玉轩。
千真万圣朝帝所，神仙凫鹭蹑云端。
不觉行移三千步，群真时丁四万年。
老君丹心开宝笈，天尊金口与流传。

*

天尊救苦妙难酬，身披霞衣累劫修。
灼灼红莲足下生，弯弯秋月上眉头。
杯中甘露时常洒，手执杨柳不计秋。
千处有请千处降，奈河常驾渡人舟。

*

虚无元始道开宗，上请灵王阐神通。
老子驾牛传万世，弥罗无上号苍穹。
南极长生天皇帝，中天星主紫微宫。
承天效法后土皇，同赴廖阳宝殿中。

司鼓又云：

革木三通以鸣天，金声数会而震喧。
清都紫府俱明澈，千真万圣赴蘭筵。

孝歌又唱道：

虚无灵宝倒开初，龙马负图出洛河。
开张四维开曙色，罗列八卦隐烟波。
函关老子坐青牛，太乙真人跨白鹤。
自在无为归去也，羽衣摇曳任婆娑。

*

天师设教龙虎山，三千桃花属春官。
三十六雷听指挥，二十四炁任往还。

风云雷雨归掌握，日月星辰随手攀。
倏倏归到广寒府，为取蟠桃共一食。

*

天尊金口广宣扬，一谒能消万劫殃。
七宝林中朝玉殿，五明宫内礼虚皇。
常乘白鹤游三岛，每驾青牛遍十方。
臣等志心皈命礼，鸾歌凤舞赴坛场。

*

稽首东宫慈悲主，皈命青玄渡人尊。
莲花上生天堂路，甘露点开地狱门。
祥光浮空前接引，宝幡指迷命生神。
打破尘牢登上国，炼质濯形步玉京。

这些散落在民间的孝歌极为丰富，极其珍贵，需要有识之士花时间精力去收集整理，并研究分析，去其糟粕，取其精华，重新发现其主旨大意。简言之，我发现其中儒释道合为一体，展现了国人精神深处灵性世界的多维空间——亡魂与生者共舞，此生与来世相接。神仙下凡，先人归来；鸾歌凤舞，甘露普降；莲台处处，莲花盛开。

身临其境，常飘飘欲仙。许多现实中的苦难，往往借送别亡魂之际，得以化解。因为这一程，或可任羽衣摇曳，观三魂七魄，或可与古人、神仙相会重逢，神游天地间。如《分香歌》唱道：

上古之时本无香，树叶烧来答上苍。
烧与天来天不应，烧与地来地不当。

上界尊神不忍见，差下蛮雷五百双。
一雷打在真香洞，惊动香娘走四方。
一支走在西天去，三藏取经是檀香。
二支走在书房去，红鹰传下是信香。
三支走在海中去，八仙过海是沉香。
四支走在后园去，郭巨埋儿是回香。
五支走在阴岗去，武松打虎是木香。
六支走在杭州去，金娘喂儿是乳香。
七支走在校场去，七郎带箭是麝香。
八支走在雍州去，姜女寻夫是衣香。
九支走在昆仑去，老君打铁是丁香。
十支走在魏国去，苏秦不忠是料香。
檀香烧起团团转，沉香烧起满屋钻。
料香烧起白奄奄，信香一炷透青天。

其中所云，尽是由真实历史演变而成的神话故事与民间传说。所有这些，在所谓的大城市里已全然绝迹，只有在崇山峻岭间或长江两岸、古镇乡村，这样的歌声仍在良夜回荡，缭绕不绝。

人死如灯灭，可正是在这漆黑阴冷之凄凉夜，各地民间歌手艺人，携着胡琴、唢呐、锣鼓、镲钹等各种乐器，及先辈留传下来的歌本、孝歌，奔走与乡间古镇，巡回演唱。无论周遭世界如何变迁，一条看不见的灵性之河仍汩汩滔滔，流淌于山河大地、生死之间；“吾道一以贯之”，生生不息。

在孝歌之中，我见识了自己原先闻所未闻的世界。《目连救母》《八仙过海》《十月怀胎》《梁山伯与祝英台》《韩湘子修道成仙》《二十四孝》《十二古人》等传说故事，至今在民间流传，余音绕梁；其中人已成仙，或仙人归来，生者灵魂出窍，死者羽化成仙，在太虚幻境飞舞翱翔，生者、死者就这样相聚重逢又依依惜别。

十多年间，一次次参与“坐夜”“做斋”，我深深感受到神话传说依托民歌孝歌，在民间生命力之强大。问及歌本来源，流传多久了？歌手答曰：“几千年了。”

又如《敬酒歌》唱道：

手提壶瓶斟一巡，亡者吃酒笑盈盈。
杜康造下美味酒，刘伶吃得醉昏昏。
亡者今夜到家乡，有如枯木又逢春。
奉劝亡者一杯酒，我咏圣贤诗一首：

云淡风轻近午天，傍花随柳过前川。
时人不识余心乐，将谓偷闲学少年。

一杯酒来一道诗，东里子产润色之。
亡者吃酒要吃菜，一杯去了二杯来。
二化钱来二上香，孝子两眼泪汪汪。
百般祭物灵前献，不见亡者亲口尝。

手提壶瓶斟二巡，亡者吃酒听原因。
相逢不饮空归去，洞口桃花也笑人。
千里寻夫孟姜女，说合六国是苏秦。
亡者吃了二杯酒，我咏圣贤诗二首：

风吹竹叶响涔涔，路上行人把衣宽。
此处就是桃花洞，还向何处问神仙。

二杯酒来二首诗，择其善者而从之。
亡者吃了二杯酒，自古一醉解千愁。

霜打梅花斗雪开，二杯去了三杯来。
三化钱来三上香，孝子两眼泪汪汪。

手提壶瓶斟三巡，从来无古不成今。
亡者吃了三杯酒，我咏圣贤诗三首：

牡丹王子去求仙，芍药丹成入九天。
湘子洞中方七日，桃花世上已千年。

三杯酒来三首诗，不投人知投天知。
亡者吃了三杯酒，人到终年万事休。
三杯酒上我唱过，四杯酒来接着说。
四上香来四化钱，孝子两眼泪不干。
千哭万哭哭不转，若要相逢在梦间。

手提壶瓶斟四巡，亡者吃得醉昏昏。
九度文公韩湘子，说合六国是苏秦。
奉劝亡者四杯酒，我咏圣贤诗四首：

世上难寻不老仙，人生转眼在梦间。
但流一滴伤心泪，洒尽九泉犹不干。

四杯酒来四首诗，君子谋道不谋食。
亡者吃了四杯酒，一无愁来二无忧。
五化钱来五上香，孝子哭得痛肝肠。

手提壶瓶斟五巡，亡者吃酒听分明。
刘全进瓜游地府，借尸还魂李翠莲。

奉劝亡者五杯酒，我咏圣贤诗五首：

东海水流西海水，南山云送北山云。
长江后浪推前浪，世上新人胜旧人。

五杯酒来五首诗，择其善者而从之。
三月桃花朵朵红，亡者吃得脸鲜红。
奉劝亡者多吃酒，此去一别万事休。
人生犹如一场梦，两眼一闭天地空。

其中分明可以看到，古人今人，生者死者，同处一个世界，不分彼此。“未知生，焉知死”。生死交织，灵魂由此得自由解脱，通灵通天。

沿江旅行采风，“坐夜”“做斋”，我从生命中认知死亡，以亲身经历理解了传统习俗、先辈精神。如今，我深切体会到，每个民族各有自己的祖先与传统文化，我族至今保有自己的“专属神话”即“神话的家园”。我们由此找到了与祖先和内在“自我”的紧密联系。是的，循着本民族的神话传说与“示”部汉字，我辈皆可成为“通灵者”，至少可以听见神灵召唤，找到返回家国故园之路，从而对生命生活驾轻就熟。的确，在现实生命中，这样的经历对我无比珍贵，让我更亲近亲人祖先，并找到自己的专属神话。日后我愈发意识到，一个人一旦找到属于自己的专属神话，便能左右逢源，在人生荒漠中找到丰沛甘泉。

在万州新田，我还遇见了文天祥的后代文素涵，他将其父文润昆先生的遗稿赠予我，其中包含新田历史掌故、神话传说。于是，当天傍晚，我就给文润昆老人上坟、烧袱子。夕阳下，火光映红了涓涓流淌的新田白水溪。是夜，我就在一座废弃的老房子里，面朝新田白水溪静心创作，思如泉涌。凌晨时分，一只大蝴蝶径直飞进我敞开的窗口，那是一种我从未见过的蝴蝶品种，我连拍数张相片，日后才知道那是金斑蝶,在当地也非常罕见。那只大蝴蝶飞来之后,就在屋里翩翩飞绕,又停在墙上,翘起花翅膀,睁大眼睛望着我;直到我写累了,小心翼翼,将蝴蝶捧到枕边。第二天醒来,蝴蝶便化在清晨的阳光里,消失得无影无踪。我问新田老友,这是怎么回事情?他们说:“这有什么的,你给老人家烧了袱子,他来谢谢你呀。”原来这是很平常的事情。在长江边的古镇,遇见蝴蝶人们就会问:“蝴蝶蝴蝶,你是哪位老人家?”

在希腊语中,“蝴蝶”与“灵魂”也是同一个词。我由此体验到“通灵”——创作对我来说成了一种被动状态,仿佛“同声传译”或“听写”。万物有灵,当异样的画面或隐秘的声音对另一个“我”开口显灵,诗人便思如泉涌;而这时,他并不知道自己在写什么;回头看,依然新鲜、神奇。仰赖天恩祖德,我找到了——

找到什么?我的信仰,我的神灵。

第九章

“风乎舞雩，咏而归”

《论语·先进篇》记载：

子路、曾皙、冉有、公西华侍坐。子曰：“以吾一日长乎尔，毋吾以也。居则曰：‘不吾知也！’如或知尔，则何以哉？”子路率尔而对，曰：“千乘之国，摄乎大国之间，加之以师旅，因之以饥馑，由也为之，比及三年，可使有勇，且知方也。”夫子哂之。“求，尔何如？”对曰：“方六七十，如五六十，求也为之，比及三年，可使足民。如其礼乐，以俟君子。”“赤，尔何如？”对曰：“非曰能之，愿学焉。宗庙之事，如会同，端章甫，愿为小相焉。”“点，尔何如？”鼓瑟希，铿尔，舍瑟而作，对曰：“异乎三子者之撰。”子曰：“何伤乎？亦各言其志也。”曰：“莫春者，春服既成，冠者五六人，童子六七人，浴乎沂，风乎舞雩，咏而归。”夫子喟然叹曰：“吾与点也！”

今译：

子路、曾皙、冉有、公西华与孔子闲坐聊天。孔子说:“我不过比你们年长些,不必拘谨。你们平时总说:‘没人理解我呀!’如果有人理解你们,你们又将如何?”

子路忙说:“千乘之国,处于大国之间,外有军事威胁,内有饥荒,让我去治理,三年之后,就能使百姓变得勇敢而懂道理。”

孔子一笑,又问:“冉求,你怎样?”

冉求回答:“方圆六七十里,或五六十里的国度,让我去治理,三年后即可使百姓丰衣足食。至于礼乐,还有待君子来教化。”

孔子又问:“公西赤,你怎样?”

公西赤回答:“我不敢说自己能做到,只愿这样来学习:在宗庙祭祀或诸侯会盟时,身着礼服,头戴礼帽,我就想做个小司仪。”

“曾点,你又如何?”孔子问。

琴声放缓,直至“铿”地停住,曾点放下琴,起身说:“我呀,与他们三位不同。”孔子说:“这又何妨?也就是各人说说自己的志向。”曾皙说:“暮春三月,换上新做好的春装,和五六个大人,六七个孩童,一起去沂水沐浴,然后在舞雩台上吹着风,唱着歌儿一路回家。”

孔子喟然长叹:“我赞同曾点之志!”

这个故事意味深长。朱熹注曰:

曾点之学,盖有以见夫人欲尽处,天理流行,随处充满,无少欠缺。故其动静之际,从容如此。而其言志,则又不过即其所居之位,乐其日用之常,初无舍己为人之意;而其胸次悠然,直与天地万物上下同流,各得其所之妙,隐然自现于言外。

如王阳明所言："不离日用常行内，直造先天未画前。"在日常生活与生命中返回自然，接地通天。

程子(程颐)注曰："孔子与点，盖与圣人之志同，便是尧舜气象也。"可想而知，孔子门下的一群孩子，在风中歌咏先王。程子又言："三子皆欲得国而治之，故夫子不取。"而夫子之国又在哪里？孔子在现实中屡屡失败，匪兕匪虎，却流落荒野。可见孔子治国，志不在此。如耶稣说："我的国不属这世界。我的国若属这世界，我的臣仆必要争战，使我不至于被交给犹太人；只是我的国不属这世界。"(《约翰福音》18:36)

孔子周游列国，苦苦追寻政治理想，其从政议政的目的并非治国本身，而在于通过国家政体，实现自己"克己复礼"、建立仁爱之国的理想。即先王之国，仁爱之国。尽管在现实中屡屡碰壁，但并未落空。无论愿不愿意、承认与否，也无论尊孔、反孔，孔子之后的中国人已然生活在此国之中。此无形之国无处不在，"随处充满，无少欠缺"。如子贡说："夫子之文章可得而闻也，夫子之言性与天道，不可得而闻也。"颜渊叹曰："仰之弥高，钻之弥坚，瞻之在前，忽焉在后。"夫子之道也是如此。如果认为孔子一心想着从政治国、局限于宗庙祭祀及各种礼仪，这是对孔子最大的误解——"吾与点也"即是最好证明；原来这一切只是形式和手段，目的却在天地之间，"风乎舞雩，咏而归。"

南宋黄东发《黄氏日抄》又云：

> 曾皙，孔门之狂者也……无意于世者也。夫子以行道救世为心，而时不我与。方与二三子私相讲明于寂寞之滨，乃忽闻曾皙浴沂咏而归之言，若有触其浮海居夷之云者，故不觉喟然而叹，盖其意之所感者深矣。

此言从另一个角度窥见孔子作为一个人、一名教师，尽管“学而不倦，诲人不倦”，却仍有寂寞困顿之时，需要从学生那里获得启迪和鼓励。如《史记·孔子世家》中记录的另一段故事：

孔子知弟子有愠心，乃召子路而问曰：“《诗》云：‘匪兕匪虎，率彼旷野。’吾道非邪？吾何为于此？”子路曰：“意者吾未仁邪？人之不我信也。意者吾未知邪？人之不我行也。”孔子曰：“有是乎！由，譬使仁而必信，安有伯夷、叔齐？使知者而必行，安有王子比干？”

子路出，子贡入见。孔子曰：“赐，《诗》云：‘匪兕匪虎，率彼旷野’。吾道非邪？吾何为于此？”子贡曰：“夫子之道至大也，故天下莫能容夫子。夫子盖少贬焉？”孔子曰：“赐，良农能稼而不能为穑，良工能巧而不能为顺。君子能修其道，纲而纪之，统而理之，而不能为容。今尔不修尔道而求为容。赐，而志不远矣！”

子贡出，颜回入见。孔子曰：“回，《诗》云：‘匪兕匪虎，率彼旷野。’吾道非邪？吾何为于此？”颜回曰：“夫子之道至大，故天下莫能容。虽然，夫子推而行之，不容何病？不容然后见君子！夫道之不修也，是吾丑也。夫道既已大修而不用，是有国者之丑也。不容何病？不容然后见君子！”孔子欣然而笑曰：“有是哉？颜氏之子！使尔多财，吾为尔宰。”

大意为——

孔子知道弟子心中有所抱怨，就召见子路问道：“《诗》云：‘不是犀牛，不是老虎，却在旷野上奔波劳苦。’是我们的道路有问题吗？何以落到这步田地？”子路说：“我想或许我们尚未达到‘仁者’？所以别人不信任我们。或是我们尚未成为‘智者’？所以人们不行吾道。”孔子说："有这回事吗？仲由，假如仁者就必定受到信任，那怎么会有伯夷、叔齐呢？假如智者就必定能行得通，那怎么还会有王子比干呢？"

子路出，子贡进见。孔子说："赐啊，《诗》云：'不是犀牛，不是老虎，却在旷野奔波劳苦。'是我们的道路有问题吗？何以落到这步田地？"子贡说："夫子之道至大，所以天下不能容。老师，您能否考虑适当降低标准呢？"孔子说："赐，好农夫善于耕种，却不能保证获得丰收。好工匠技艺精巧，却不能保证顾客满意。君子能修其道，以纲领规范，用大道治理，但不能保证为世道所容。而今，你不专心修道，却追求被世俗所容。赐，你的志向还不够远大呀！"

子贡出，颜回进见。孔子说："回啊，《诗》云：'不是犀牛，不是老虎，却在旷野奔波劳苦。'是我们的道路有问题吗？何以落到这步田地？"颜回说："夫子之道至大，所以天下都不能容。尽管如此，您还在尽力推广实行，不容有什么？不容然后见君子！这道之不修，是我们的耻辱。道已大修而不被采用，是当权者的耻辱。不容有什么？不容然后见君子！"孔子欣然而笑道："真有你的，你这颜家之子！假使你家财万贯，我就给你当管家。"

从以上对话来看，前面几位所说的只是"铺垫"：前文为曾点"铺垫"，后面为颜回"铺垫"；画龙点睛之笔放在最后，值得深思。而将这两段故事放在一起来看，或将有所发现。

首先，孔子意识到自己的处境——"匪兕匪虎，率彼旷野"；"不容"已成不争的事实。那么"不容然后见君子"又意味着什么？意味着孔子"行道救世之心"一时陷于困顿，时不我与，方与三五学子于"寂寞之滨"畅谈志趣。如钱钟书先生所说："大抵学问是荒江野老屋中，二三素心人商量培养之事。"且看曾点之志，此中有深意——

> 莫春者，春服既成，冠者五六人，童子六七人，浴乎沂，风乎舞雩，咏而归。

这里,“莫春”,即“暮春”。“莫”为“暮”之本字,原本指太阳落入丛林。暮春,通常也是清明所在时节。如唐人孙昌胤诗云:

清明暮春里,怅望北山陲。

燧火开新焰,桐花发故枝。

在汉代以前,暮春三月间有个上巳节,原先在农历三月的第一个巳日;魏晋以后,固定在三月三日。如唐人羊士谔诗云:

别馆青山郭,游人折柳行。

落花经上巳,细雨带清明。

在这个时节,人们踏青折柳,祭祀祖先,“祓除、衅浴”,去病消灾。《周礼·春官·宗伯》云:“女巫掌岁时祓除、衅浴。”郑玄注:“岁时祓除,如今三月上巳如水上之类。衅浴,谓以香薰草药沐浴。”又称“祓禊”。

《黄帝内经》说:“春三月,此谓发陈,天地俱生,万物以荣;夜卧早起,广步于庭,被发缓形,以使志生。”所谓“发陈”即发芽,新陈代谢,推陈出新。

与此同时,“春服既成”,春衫做好了就穿上,与五六个大人、六七个孩童一起在沂水边沐浴;当风儿吹过舞雩台,就唱着歌儿一起回家;回归自然,和祖先在一起,生命找到归属,瞬间获得永久的欢欣。

舞雩,即舞雩台,位于曲阜城南三里,沂河之北,原为鲁国祭天求雨的祭坛。《水经注》云:“沂水北对稷门……南隔水有雩坛,坛高三丈,曾点所欲风舞处也。”原来舞雩台本身,为我族先民祭祀求雨之神坛,孔子不说,学生亦“点”到为止——“风乎舞雩,咏而归”。

“天何言哉! 四时行焉,百物生焉,天何言哉!”可想而知,这是怎样一幕场景:大人孩子于草长莺飞之时,换上春天的新衣裳,在家乡的河流边清心沐浴,回归自然万物,在没有穹顶的“大教堂”祭祀祖先,感念天地万物,唱着歌儿一路回家去。“家”在这里既是父母之家,也是山林水泽、天地自然;从日常生活,回归自然,天人合一。我想,这便是我族信仰——什么?在无名无姓无影无形无处不在之天地大教堂,祭祀祖先,归向上帝。

什么?“风乎舞雩,咏而归。”

卷四

白帝城

献辞

再一睁眼，铁桥挂在窗前，江轮已驶入深夜。
满满一窗江水，满满一江夏夜；
星辰寂寥，空空如也……

这样的深夜谁又醒来，谁不醒来？
这样的深夜，爱琴海刚刚逝去，
琴声还像蚕丝一样缠绕云端，浩荡江水已经涌来——

爱琴海上的爱情已像冬夜玻璃窗上的冰凌一样化开，
湿热的泪，温热的夜，浩瀚江水已吞噬远方的地中海；
新月她沉在江底，随我去，跟我来，
无论是江是海，只要蘸着微温的夜，微红的海，就有新的源泉。

而此刻，两岸的夏夜涌现大片江南，入梦人家，夜半钟声；
野猫趴在屋檐垂落的喇叭花下；婴儿衔着母亲微红的乳头；
和尚在江面打坐；清江乳汁来自纯丰满纯净的雪山。

山下的人们已经入睡，只有灯火尚未疲倦，
只有孩子半夜醒来，检阅窗前江水，
如翻阅唐诗宋词；唐古拉雪山在词句中若隐若现……

朝辞白帝，夜泊秦淮；那些旧梦比古瓷更实，比经历更真；
只要夜风一吹，灯光一闪，两岸猿声便此起彼伏；
只要白浪翻卷，清江映现，幸福的鱼群便从古瓷瓶中游来——
她们曾跳上哪个船头，你曾遇见哪一位新朋旧友？

一根竹竿撑起落日，旗帜就在深夜飘扬；
一位诗人拾起旧梦，野鹤就在风中流浪。
那些流星拼成的翅膀坠落青青羽毛；
青清河边草，绵绵思远道……

远道而来的江水带你离开江南；
躺在浪上的田野，睡在树下凉席上的人家都还没有醒来，
耳畔江涛，已响彻天边外。

为什么你又要远远离开，把母亲抛在夕阳昏暗的故园？
为什么你又要远行，踏浪而来？

——朝辞白帝的人啊，今夜梦想回来，
回到高高山冈上的孤城；
城中白帝已成白发苍苍的孤儿，
在他的孤独之中，有我整个家族的辛酸。

而今夜啊，他坐在白云深处，长江的另一端；
我住长江尾，君住长江头，
让我怎能不思念，怎能不逆流而上，追根寻源？
我不是顺着长江，而是顺着血缘一路找寻，
白帝城白帝城，我在心里已不知默念了多少遍。

白帝，你听见了吗？你把心中孤儿托给我吧，
今夜我就是那个孤儿，我不回家，谁来看你呢？
看呀，你的白发三千丈，洋洋洒洒，将江上月色
化为千万点细碎的银光；我的忧愁似个长，

飘飘扬扬，在深夜长江空撒相思网——
那个深夜唱歌的渔家姑娘，
她的清梦清泪依旧伴我夜航。

笑话我吧，忧郁的白帝城，只要你的笑声涌出白浪；
笑话我吧，城中白帝，只要我打捞的沉船仍蕴藏昔日酒香。
我的酒洒在江上，酒色波光织出绫罗绸缎；
我的丝绸之路，今夜在长江之上。

我的朝圣之路一路散发着梦香酒香，
梦中果园，将整个江南之芬芳硕果，
一一安放在星空下的祭坛之上。
我在深夜祭祀我的祖先，祭祀把酒问青天的一代代先人，
一条条轻舟，一座座青山；
我在深夜祭祀我的神灵，我的白帝，
我那白雪皑皑的孤城，白帝城。

白帝，你醒了吗？你若醒来，千树万树的梨花都会盛开。
你醒了吗，白帝？你若沉睡，我不如沉入江水，
去追逐那个心碎的祖先。白帝，你醒着吗？
假如今夜你梦见浪花，我的圣城就会有水晶般的春天。

春花秋月，你可听见琵琶声停欲语迟；
而此刻，我正移船相近邀相见——
我要见谁呢？是谁岁岁年年拨动我的心弦；
是谁既在汉语之中又在汉语之外，让我穿越深渊深海，
也只能看见一个玉色身影，在浪上徘徊。

可我已被她迷惑;心上之"或"已不存在;
心头刀刃还在滴血。我的血
今夜却如欢腾的清江,向你涌来——

是你给我至深的快乐,让我和我的家
一同沦落天涯,却形影相随;
是你给我至深的喜悦,让我的喜鹊
在亲人坟头声声啼鸣,胜似杜鹃啼血。

藏在水中的影子竟如雪山一样跃出?
初看是一朵浪花,再看是座灯塔,它忽明忽暗,
照耀着江上长驱直入的草原,草地上的圣山,
山上圣城,白帝城,我的永恒家园。

远方的家园,你一听我的呼唤就让四季从四面八方
向我欢呼呐喊:来吧,孤儿回到孤城,母子团圆!
远方的家园,我一听你的召唤就骑上波浪的白马
远道而来。我的道路是道是路,在城中或城外?

我的良人,我的佳偶,我心中的圣城,白帝城,
你的白花已化作千万朵白浪在我的胸中绽开,
我蘸着深夜的江水将她们一一描绘——
白色在心中化为缤纷的色彩。

访白帝

月出春宵阁,鸟鸣观星亭,

不知是鸟还是星星的声音——
白帝城,刚一见你,你就派一只蝴蝶
去园中通风报信,派几只鸟唤我来到观星亭。

白帝啊白帝,我只有在这里见你,
静伏墨黑的石桌,仰望江岸群山,山上群星;
石碑在暗中低语;白帝啊白帝,
我不知你要对我说些什么,
却已从深山月色中,感知祥龙献瑞——

那是紫霞与白云,青莲与银杏
混合而成的清气云气,我只有在山中轻轻呼吸,
将一路汗水化在石桌上,在月色清风中清心沐浴。

白帝啊白帝,你的城池三面环水,
一面连着世俗凡尘,在这风清月白的江岸山顶,
你让我随风而来,或乘风而去?

白帝啊白帝,你悄然无语,
可通灵者从来听得清你的心声,
看得见你内在的风景——

而此刻的夏夜,如万顷莲池;
莲花出水,江岸城池灯火熠熠。
经你的清风一吹,我的清歌一颂,
万家灯火都焕然一新。
万种生灵如淋细雨,如沐江风;
江天浩荡,一颗流星带去你的影踪!

寻白帝

深夜不见你的踪迹,只有万山沉默。
江水呜咽,宿鸟与哀猿一时间声声啼鸣。
我被石碑围着,青山围着,
他们仿佛要在一夜之间向我倾泻祖先的泪水。

白帝啊白帝,你时隐时现,时而如白雾升腾,
让公孙述称颂你的圣名;时而让刘备托孤,
转述你对世人的拳拳之心。
可有谁见你乘落日、驾浮云,在天边徘徊;
有谁深谙你的游子意,故人情!

岩石磊磊,芳草萋萋;
青山依旧,物是人非。
有谁在大旱之年祈求一场豪雨,
普降你的心愿,你的伤心泪!

哭白帝

今夜啊,不是你,却是思念你的心灵
泪如泉涌,在这山岩之上,
星空之下,如一江春水。

我高居你的城池,心灵匍匐在地,

没入江中饮水，埋进深山哭泣；
我的泪水今夜只为你的名——

你的名是汉语中的启明星；
在汉字枯萎、汉树凋零之时，
你的名是新生的果实，古老的水晶。

你的名是深夜火树银花，
江上日月群星；夜泊圣城，
只见石鱼出水，白鹤归飞……

可白帝啊白帝，你为何背转身去，
在浩瀚银河间，披麻戴孝，素衣素袍，
不忍面对故园，那日渐干涸的江水？

问白帝

残碑已被夕阳晒得滚烫，
游人已经离去，江水还在默默东流，
为何白帝啊，你抛下了故里？

蝴蝶已飞上青山，杨柳依依，
枇杷、杏子青黄相间，
故园啊，为何已不见故人身影？

白帝啊，旧城故主，自你远去，
旧城已成孤岛，迎送客旅；

他们不认识你，却乱哄哄践踏你的圣地；
你就此抛弃了芸芸众生？

白帝啊白帝，为何先帝仙树枝断根枯？
为何江流滚滚寂寞无助？
为何石碑残损，汉树凋零？
为何荒冢累累，空留遗恨？

或许你贪恋蓬莱，去仙境远游？
或许你将重临故土，在百年之后？
而江水沉浮，那时我又将如何见你？

梦白帝

白气升腾，祥龙献瑞，那是你偶尔显露的身影；
而当我深夜梦醒，却见你顺着江流飘临大地——

江清水浊，你是江心银白的秋月；
巴女骑牛，你是竹枝词忧伤的词句。
思无邪，乐有音，你的乐音
常在深夜化成白浪，清晨化作白雾，
又在茫茫冬夜碾冰为土，
在梦里播种玉的精神。

白帝啊白帝，你是春天的白牡丹，夏天的白荷花，
秋天的白芙蓉，冬天的白梅花。
你是中秋之夜的白孔雀，五里一徘徊；

你是清明时节的细雨、白花，
墓上燃烧飘飞的纸钱……

而今夜我焚香沐浴，在梦里默念你的圣名；
你不鼓而乐，不翼而飞，
却在梦的深处，将梦中人唤醒。

送白帝

“悲莫悲兮生别离，乐莫乐兮新相知”；
而我每经过一座城，便遇上一个白帝。
白帝白帝，是变幻，是唯一；
是伤悲，是欣喜——

喜从天降，那是新月出山的晚上，
白帝乘舟将欲行，
回头一看，我正站在岸上，
站在夔门古道，云梯街旁，
向他挥手致意。白帝远去；
桃花潭水，波光粼粼……

再回来，空屋已成空船，
白帝白帝，如船头帆影。

对白帝

白帝白帝,写一写你的名字我就看见满天繁星;
星星星星,降落洞庭。
水中天,天上水被你一一抚平。

白帝白帝,坐在你的天庭,
抬头一望,经过的每座城都化作一颗星,
我认出其中熟悉的街道,美好的人影。

白帝白帝,心中有你,
经过的城市,都归于圣地。
而今夜,她们聚在洞庭湖上,唱颂你的圣名:

白帝白帝,纯如碧玉,净如水晶;
白帝白帝,群星熠熠,光满洞庭。

忆白帝

我刚走,山就荒了。
白帝啊白帝,你不要随我同去。
你若不留在荒山,就让我回去。

白帝啊白帝,与你共渡三天三夜,
我越过三江,跨过三峡,三生三世永不低迷。
我在山上的日子由山保存;

我在江边的日子随江水而去；
可你在云间的日子，谁来照应？

谁为你供奉鲜花鲜血？
谁为你献上丹心碧玉？
谁在欢乐之时与你同乐？
谁在忧伤岁月与你同悲？

当你泻下清光，谁在流泪？
当你抛洒碧血，谁在痛心？
痛定思痛，只愿心为烛光，身做庙宇，
在清江流逝的月夜，为你祈福，为你化为灰烬。

白帝啊白帝，若我的灰烬能点亮你的圣名，
我此生便不负众望，不负滔滔江水。

与白帝夜谈

一声汽笛，宣告我又来到白帝城。
这一次我是偷偷地来，轻轻地来，
乘一只私家小船，从护坡南侧，
独自上山，身后是奉节旧城废墟。

永安宫还在冒烟，永久的孤魂，
为何不安？背靠土坡想休息片刻，
汗湿的脊背，却暗自想念着依斗门之夜，
上上下下的旅客，来来往往的船……

方砖碎了，月牙街的月牙长在废墟间；
而水塘里的蝌蚪，只看见孩子；
孩子遮住了月光，孩子的眼睛，
却和月光一样清亮明澈。

周围大片废墟，蝌蚪看不见，孩子们
视而不见。不必惊讶，江水已涌至窗前；
昔日的橘林，连根带树没入水中；
燕子正衔着细枝，去梁上做窝。

不必朝圣，圣地已埋在废墟之中。
水中白帝轻声告诉我；江水陡然变色！
不如与孩子们同去，白帝笑着说。
他一笑就有黄叶飞舞……

同去旧城，看望梁上燕子，水中蝌蚪？
而我这里已人去楼空。
空空的庙宇，来的都是客；
空寂的孤城，只听见喧闹声……

不如静听鸟鸣，迎接故人归来；
不如沉默，像沉船一样保家卫国，
让旗帜飘扬在水底，让蝌蚪
在废墟、青苔间粒粒成活。

水位刻在青山之上，故园映在碧水之中；
谁说水泥就真实，影子不能复活？

我把活生生的生命交给你，
你托江水送我什么礼物？

礼物只是一朵礼花，炸碎夜空，
惊醒邻人，仅仅片刻，又归于寂灭。
然而灭亡的不是我；我带着山山水水，
风风雨雨，在每一个梦中，点亮烛火。

我的烛光今夜在水中摇曳，
白帝啊白帝，你是水中白夜，江上白鹤，
你是静静的月牙街，沉默的水井街，
你是消失的大水井珍藏的一弯新月。

你是归来的孤魂，挨家挨户敲门，寻亲访友，
你是星空下的一叶孤舟，轻轻告诉船只，
生命如水，什么也留不住，
水是波浪的灵魂，永远流向低处……

我告诉低处的蝌蚪，人类正经历
一场山体滑坡，他们终将与你
一同颤抖，一同在废墟间
找一片水域，从墓园，摘取花朵——

我的白花已开在白帝城头，
在洪水之下，众人之上，
让匍匐前进的船高举倒下的旗帜，
让墓中长眠的先知一一苏醒——

春花本身就是他们，秋月不过是
遗落天空的果实；挂在白帝城头，
又是一盏灯；今夜我在灯下暂时忘却故人，
与孩子们躲在江边，悄悄诉说——

孩子们啊，不要听我说什么，
要学会听风听雨，听城头白帝怎么说；
他们的言语，比新城的梁柱更长久，
他们的幻梦，必在未来的生活中发生。

活生生的一切在上涨的江水中下沉，
沉入江底的一切从心中上升；
而今夜升腾的已不再是云雾，
而是云中白帝，梦中白帝城。

如是我闻，如是我说。我说出的一切
并非是我：我在船上，亦在江上；
我在土中，亦在云中。我是悲苦，我是极乐。
我是永恒的城池，我是不灭的灯火。

白帝城头

那只船来了，满载着鸟鸣，
那只鸟飞去，回往昔报喜，
报告故主先人，城头来了兄弟，
升起一面世人看不见的旌旗。

你坐下,城池便坐落人间,
在陋巷,在人群,现出雪山白帝。
你起身,城头的风便吹开道路,
如清溪突破乱石,归于深渊海底。

终于我们走走停停,在城头谈心、
看风景,诗中文字,
立于身边的树木丛林;
不远处的观星亭,悄悄向我们靠近。

只因星星在我们的谈话里,
如雨后夏夜的萤火虫到处乱飞,
我们将旅途作梁柱,黑夜当瓦,
建立我们的观星亭。

观星亭观心亭,在旅途中
随遇而安,没有穹顶。
观心亭观星亭,在天地间托梦托孤,
将我们遗落在深山密林。

观星亭

星星有时候蜷缩起来成为两个人之间
默契的微笑;我们与我们所观看的世界
彼此间没有障碍,只有飞鸟;
鸟鸣衔来的每一颗星星都将一个逝去的夜晚
像种子一样撒在空气里、泥土中;

我们踏着土中云，云中星一路走来，一路栖息……

有如风将亭子吹弯，铜钟敲响的世界
因我们静观而静静呈现——
花开不是本质，鸟鸣只是回音，
原本有一个沉寂的春天，藏于我们内心。

我们来自寂静，归于寂静，寂静因此绽放星星
消失的黎明，飞鸟聚集的树林；
我们在林中默然无语，如树叶上两颗滑向边缘的露滴
——为什么坠落之前，
来自深渊的回音已化作声声鸟鸣？

白帝孤岛

1

黄鹂贴着水面飞来，停在我身边；
我坐在江边岩石上，写一写我的心事：
黄鹂告诉我：这世界太孤寂；
我说有了江水，我们还怕什么？

何况今年冬天江水清碧，如桃花潭水；
水中桃花将幻梦一一珍藏，
寄托于缥缈云间；而我只有面对
江岸白帝；白帝城今日四面环水——

船还没来，我过不去，就盘腿打坐，
用心向白帝致敬。我心一尘不染，
如冬日江水，含着融化的积雪冰凌。

黄鹂含着我的梦远远飞去；我在寒风中静听，
白帝今日潜入水中，
将我纳入她引领的鱼群。

2

我们一同在水中畅游；桃花流水；
我不是鲑鱼；我是失群的鸟儿
中箭落水，在此岸亦在彼岸天际。

伤心的旅途从眼前经过；
昨夜青山涌现一支远古商队。
他们在深山探寻奇珍异宝；
我从江中汲取更珍贵的记忆！

我把水中往事献给清醒的世人；
将心中美玉献给白帝——
白帝养我，如风养鸽子水养鱼。

我在人间原本自由自在，只因心存
太多祝福，太多眼泪。我饱含它们
来到圣地，今晨一并抛入江水。

3

青青玉勺倒扣满腹苦水；
昔日鱼腹吞噬孤儿伤悲。
夔门低头，俯瞰孤儿孤雁；
我只抬头，仰望风中白帝——

白帝挥动白色翅羽，上天入地，
将白牡丹、白荷花、白芙蓉与白海棠
分给四季。四季好比四味草药，
今晨被我一勺饮尽——

风中野树，细密黝黑；心中幽事，
青涩清新。谁来拨动我心弦，
如石琴响雪，风弹流水……

4

长风将观星亭内的石桌搬到眼前，
我在桌上放几颗卵石，
不一会儿，紫荆便从桌面生出，
紫红衣冠，在水面漂过——

鸟儿清唱“吾哥回，吾哥回……”
不知那是屈原，或受伤的天鹅；
他中箭哀鸣，一路滴血，
直到江水将血色逐渐化开；

直到白帝在风中化作飞雪，
将黑树枝一一染白；黑色记忆
不再令人伤心，只因被冰雪层层覆盖。

而灰白的天空被什么照亮、染红？
当一个人捧出一颗心抛向风中；
声声鸟鸣，将山石点破。

5

石桌石桌，你不要一路跟着我，
我已将心事摊在桌面，你还不放过我？
我放出的鸽群已漂洋过海，
咕咕福音，受天之祜——

我们来自高山之巅，白云深处，
像种子一般出土入土；
我们都曾是自然之子，光明之子，
也曾经历春风野火……

祖先已在九泉之下唱响渔歌；
而你们至今不肯握手言和？
当平静的江水抚平心头怆痛，
蜜蜂嗡嗡，迎来心底春色。

6

摸摸石狮子；石狮子就把头甩一甩，

满头金毛，溢出旧城曙色。
白帝庙前，我的朋友在此守卫，
守着我珍藏的白帝家园。

我从忧伤的风尘中走来，背后森林
将我唤回原初时代；那里的狮子
都是我的朋友；我曾受伤，
却对山林水泽深深依恋——

沼泽地里的阳光像今日一样灰白；
麋鹿迷失方向，就和黄鹂一同游玩。
白帝扬帆，唤我们远游青天外。

天边有座白帝城，城里空空；
空在心里，雪在云中，
随白帝聚散，或冰雪消融。

7

瓦缝里的星星蟋蟀般鸣叫，
它们过了一冬又过了春秋百世。
当野草从瓦缝中偶尔生出，
我来到观星亭想想我的心事。

心事浩渺，被风吹来吹去，
如江上帆影，清夜白露，
在世间飘浮，草根下低语……

石桌安放在观星亭内，
等待离散的亲人在此相聚；
拼合母亲掰断的金簪，
烟波江上，传来泠泠笑声。

白帝孤城

1

总有橘子树在你们窗前，
总有旧城码头蕴含着新的时间；
你们将倒塌的城墙一一扶起，
依斗门的明灯依旧亮在心间。

心中的码头泊满沉船，
沉船今夜浮出江面，
在流逝的水上普度众生，
将墓中鸟鸣，传到墓外。

有一只船，入水出水，
有一个人，出世入世，
有一只鸟，飞出悬棺——

悬棺悬着的梦想昨夜出山，
梦中梦见的城池今日重现，
城中细雨，岁岁年年。

2

开门开山开心，你开挖一条渠，
打开一座坟，红鲤鱼从墓里飞出，
游进碧水，飞上青天，
你追逐着她的身影一路向前——

前面有座新城，梦为砖瓦，空作城门，
前面有位佳人，雪为肌肤，玉是灵魂；
前面有座墓碑在云中等你，
你从碑文之上找到隔世知己。

墓碑上的汉字挂满露水，
你从中触及孤魂血泪，
他们至今在野草丛中恸哭歌吟。

忠魂未散，魂魄未散，
深秋的橘树又被夕阳浸染，
斜阳草树，尽是对故园无尽的思念。

3

泪光、刀光、波光、血光，
今夜都化作冷月轻霜，
落在心中圣城，
是谁在夜里含泪守望？

是谁朝辞白帝，且放白鹿青崖间；
将明月放在床头，江水铺在床上？
是谁在江上放逐灵魂，
如苏武牧羊？

轻舟已过，岩石纷纷回头；
猿声哀鸣，羊群爬上山坡。
寂静山林，水声淙淙。

谁在静中呜咽，浪上欢呼，
谁在火里欢笑，水中恸哭，
水做的女儿，已化成朝雾。

4

白帝啊白帝，一到你的城中，
我竟潸然泪下。无力保卫你的城，
只有在泪光中恢复你的身影，
在水中重建昔日宫廷——

一庭白鹤已翩翩飞来，
栖息在被砍倒的橘树枝头，虚幻城头。
故城因飞来的白鹤变得真实具体，
我因永恒的白帝而灵魂充实。

白帝啊白帝，赋予我新生；
你让红杉树、蜜橘林，连同
身边围绕的江水，代替离去的亲人；

让秋天的阳光温暖身心，
如春水润绿枯枝，
叫我不要伤心沉沦。

5

白帝啊白帝，你不是赤帝也不是皇帝，
却是雪国灵魂，帝国白云，
而云中圣山，已缩成扇坠，
凝成石上汉字，心中碧玉。

玉色春天已经过去，我在深秋
抚慰深山野草，丛林溪水，
而最终是它们安慰我，
如海棠、梨花，开在心底。

白帝啊白帝，我若忘记你，
灵魂必枯竭，如干涸的井底；
我若背叛你，子孙又如何俯仰天地？

白帝啊白帝，我只有赞美你，
一如颂扬我的祖先，我的神明，
祝福你生生世世的优秀儿女。

白帝日

初出山林的朝霞，将鸟鸣映红，
树荫倒映水色，波纹在山前晃动；
白帝旭日，与往日再不相同，
沉寂的一切都在日光中复出复活——

第一只鸟站在窗前，纹丝不动；
昨夜它还是一块石头，今晨被日光一照，
便啼破春色——鸟鸣山幽，
玉色溪流将阳光运出山谷——

送至山下，寻常百姓家；燕子飞还，
衔着丝丝缕缕的春光，在梁上做窝；
燕子的巢穴啊，比我的家更坚固！

我的家在水上漂移，光中漂泊，
若不是白帝城头阵阵烟霞推开窗户，
我竟认不出我的故城，我的故国！

白帝月

明月像一条明亮的鱼在江中浮游，
江水围绕着我的枕头；
数日数月，我枕着波浪远游，
寻找我的祖先，今夜他们聚在白帝城头。

白帝明月，在夔门耳边悄声细语，
风中我听见久违的心声："慎终追远。"
江水在深山深深应和，远远长流；
青山一夜间化为青色荒冢。

春祭曰祠，夏祭曰礿，秋祭曰尝，冬祭曰烝。
我在清明时节寻访故人，
在青山绿水间，用心祭扫每一座孤坟。

用心拾起片片枯叶，用梦唤醒孤魂，
他们与我同在荒野流浪多年，
九泉之下，与我共枕天上明月。

白帝梦

梦不醒，醒不梦，梦醒的白鹤啊，
飞回白帝城中；白帝清梦，六月落雪，
清明迎风，迎来英年早逝的亲人——
一家人，围着红楼梦中红红的大圆桌。

"日落西山还见面，水流东海不回头"；
回头又见落日，日落星河，天长地久。
梦中团圆的家庭，只因有梦，
便找回亡灵故友，列祖列宗。

亡魂在梦中静坐，列祖列宗从江上复活，
如石上清泉，随月色流动，心灵波动，
清波回荡在血脉之中……

归去来兮，回到白帝城中白帝梦中，
看呀，故人正驾着黄鹤乘风而归乘日而归，
至于月色，早在泪水岩石上化为虚空！

白帝影

为什么青山软软的，一踏上去就有清泉涌出，
而江水绵绵，细听却听出《长恨歌》？
美人身影在江中晃动，鼓乐笙箫，
埋在土里，响彻江中。有人在江上啼哭——

那个婴儿曾是一位老人，因不忍离家，
自刎江东；江水上升，
淹没了古城，淹没了故土，
鱼儿破门而入，破窗而出——

鱼儿瞪大眼睛，已认不出当年渔夫；
破网还挂在墙上，破船已成朽木。
而故人的头颅啊，还绕着故园周游——

直至江水返青，世人已丧失记忆，
白帝城下，忽闻夜半歌声：
“天长地久有时尽，此恨绵绵无绝期。”

白帝印

你们在江边旅行，白帝在山上行；

你们在酒楼沉醉,白帝在江中醉;
你们在路上伤悲,白帝从云端落泪;
你们在家中欢喜,白帝在星空举杯。

白帝映入水中,江水澹澹;
白帝映入山中,山色青青。
白帝之印,深深铭刻心底;
森林覆盖群山,故园沉入江底。

江上明月与白帝同心,
江岸移民与白帝同病,
一帆风雨,与骨肉家园从此分离。

“烟一样的树,云一样的路,
花一样的人,酒一样的河。”
酒色河边,莲花朵朵。

白帝魂

众心归一,一在今夜是一座孤城,
宝石缀满舞榭歌台,殿堂楼宇,
所有死去的,都在清明传送春风细雨,
所有淹没的,都在江底歌舞升平……

只要寻梦,就有白帝降临;
只要白帝健在,我的国便坚如磐石,
柔软如江水;江上白帝城,
我的摇篮,我的墓地。

"惟天昭昭,佑我圣朝",
朝中江水,潮涨潮落,
庭前江树,花落花开。

我寂寞的春天啊,江岸春草,
在白帝城中,祝福祈祷,
神祐福祉,吉星永照。

白帝灵

诸葛关注的星星,坠入观星亭,
钟声渺渺,听见钟声的先人,
已在山谷里安睡;飞檐翘角,
可是白帝之身,白帝之灵?

石桌安放亭中,星辰在石上闪耀;
"残碑不见汉文章",却见
完整的日月星;白帝之灵,
夜观天象,可知凶吉?

凶吉未卜,星空已传来鸟鸣,
有声有色,无影无形,
将残碑洗净,春梦唤醒——

醒来已不见故园,唯见江水,
江心秋月,缥缈孤城,
渔人还泛泛,燕子故飞飞。

参考书目

《尚书正义》,(汉)孔安国传,(唐)孔颖达正义,李学勤主编,《十三经注疏》,北京大学出版社,2000 年

《毛诗正义》,(汉)毛亨传,(汉)郑玄笺,(唐)孔颖达疏,李学勤主编,《十三经注疏》,北京大学出版社,2000 年

《礼记正义》,(汉)郑玄注,(唐)孔颖达疏,李学勤主编,《十三经注疏》,北京大学出版社,2000 年

《论语注疏》,(魏)何晏注,(宋)邢昺疏,李学勤主编,《十三经注疏》,北京大学出版社,2000 年

《周礼注疏》,(汉)郑玄注,(唐)贾公彦疏,李学勤主编,《十三经注疏》,北京大学出版社,2000 年

《尔雅注疏》,(晋)郭璞注,(宋)邢昺疏,李学勤主编,《十三经注疏》,北京大学出版社,2000 年

《周易正义》,(魏)王弼、(晋)韩康伯注,(唐)孔颖达疏,李学勤主编,《十三经注疏》,北京大学出版社,2000 年

《孟子注疏》,(汉)赵岐注,(宋)孙奭疏,李学勤主编,《十三经注疏》,北京大学出版社,2000 年

《公羊传注疏》,(汉)何休注,唐徐彦疏,李学勤主编,《十三经注疏》,北京大学出版社,2000 年

《春秋榖梁传注疏》,(晋)范宁集解,(唐)杨士勋疏,李学勤主编,《十三经注疏》,北京大学出版社,2000 年

《三国志》,(晋)陈寿撰,中华书局,1999 年

《水经注》,(北魏)郦道元著,陈桥驿注,浙江古籍出版社,2013 年

《孔学古微》,徐梵澄著,李文斌译,孙波校,华东师范大学出版社,2015 年

《说文解字注》,(汉)许慎撰,(清)段玉裁注,中华书局,2013 年

《周易乾凿度》(影印版),(汉)郑玄注,清乾隆文渊阁《四库全书》本

《白虎通疏证》(全二册),(清)陈立撰,吴则虞点校,中华书局,1994 年

《庄子集释》,(清)郭庆藩撰,王孝鱼点校,中华书局,2006 年

《老子道德经注》,(魏)王弼注,楼宇烈校释,中华书局,2010 年

《红楼梦》(繁体竖版),(清)曹雪芹著,三民书局,1972 年

《五灯会元》,(宋)普济著,中华书局,1997 年

《章太炎国学讲演录》,章太炎讲演,诸祖耿、王謇、王乘六等记录,中华书局,2013 年

《韩非子集解》,(清)王先慎撰,钟哲点校,中华书局,1954 年

《说文部首形义新证》,董莲池著,作家出版社,2007 年

《西京杂记》,(晋)葛洪撰,中华书局,1985 年

《春秋元命苞》(影印版),(宋)孙谷编,清对山问月楼《古微书》卷六刊本

《朱子语类》,(宋)黎靖德编,中华书局,1986 年

《张子蒙正》,(宋)张载著,(清)王夫之注,上海古籍出版社,2000 年

《贞元六书》,冯友兰著,中华书局,2014 年

《黄帝内经》,中华书局,2010 年

《春秋繁露》,(汉)董仲舒撰,中华书局,2011 年

《吕氏春秋》,中华书局,2007 年

《物理论》,(晋)杨泉撰,(清)王仁俊辑,《玉函山房辑佚书精编三种》,上海古籍出版社,1989 年

《宋书》,(梁)沈约撰,中华书局,1974 年

《王阳明全集 · 传习录》,(明)王阳明撰,上海古籍出版社,2012 年

《西游记》,(明)吴承恩著,人民文学出版社,1980 年

《墨子》(中华经典藏书),中华书局,2007 年

《龚自珍诗文选》,人民文学出版社,1991 年

《国语》,(春秋)左丘明著,上海古籍出版社,1988 年

《汉书》,(汉)班固撰,中华书局,2007 年

《后汉书》,(南朝宋)范晔撰,(唐)李贤等注,中华书局,2000 年

《中文形音义综合大字典》,高树藩编纂,中华书局,1989 年

《宋史·乐书》,(元)脱脱等撰,中华书局,1985 年

《晋书》,(唐)房玄龄等撰,中华书局,2000 年

《春秋左传注》,杨伯峻编著,中华书局,2017 年

《通典》(影印版),(唐)杜佑撰,中华书局,1984 年

《孔子家语》(中华经典藏书),中华书局,2009 年

《玉篇》(影印版),(南朝)顾野王著,原本残卷,中华书局,1985 年

《史记》,(汉)司马迁著,中华书局,1982 年

《文选注·南都赋》,(汉)张衡撰,(梁)萧统编,(唐)李善注,上海古籍出版社,1986 年

《隋书》,(唐)魏征撰,中华书局,1997 年

《旧唐书》,(后晋)刘昫等撰,中华书局,1995 年

《金史》,(元)脱脱等撰,中华书局,1975 年

《搜神记》,(晋)干宝撰,(明)胡应麟辑,王一工、唐书文译,上海古籍出版社,1995 年

《大戴礼记汇校集解》,方向东撰,中华书局,2008 年

《温州文献丛书·六书故》,(宋)戴侗撰,上海社会科学院出版社,2006 年

《山海经校注》,袁珂校注,上海古籍出版社,1986 年

《屈原集校注》(全二册),金开诚等校注,中华书局,1996 年

《论语新解》,钱穆著,三联书店,2002 年

《蔡邕集·独断》(残本),中华书局,1965 年影印

《荀子》(中华经典藏书),中华书局,2007 年

《管子》(中华经典藏书),中华书局,2009 年

《东观汉记校注》,(东汉)刘珍等撰,吴树平译,中华书局,2008 年

《陆机集校笺》,(晋)陆机著,杨明校笺,上海古籍出版社,2016 年

《汉书·艺文志》,(汉)班固撰,中华书局,1990 年

《谢朓、庾信诗选》,中华书局,2005 年

《王羲之兰亭序》(二种),中华书局,2015 年

《方言校笺》,周祖谟校笺,中华书局,1993 年

《秭归县志》,湖北省秭归县地方志编纂委员会,中国大百科全书出版社,1991 年

《兴山县志》,湖北省兴山县志编委会,湖北人民出版社,2015 年

《兰波作品全集》,(法)阿尔蒂尔·兰波著,王以培译,作家出版社,2017 年

《指引生命的神话》,(美)约瑟夫·坎贝尔著,张洪友、李瑶、祖晓伟译,浙江人民出版社,2013 年

《千面英雄》,(美)约瑟夫·坎贝尔著,黄珏苹译,浙江人民出版社,2016 年

《悲剧的诞生》,(德)尼采著,周国平译,三联书店,1987 年

《奥德修纪》,(古希腊)荷马著,杨宪益译,上海译文出版,2008 年

《上帝之城》,(古罗马)奥古斯丁著,王晓朝译,人民出版社,2006 年

《灰狗》,王以培著,东方出版社,1999 年

《白帝城》,王以培著,漓江出版社,2014 年

《圣经》(和合本)

《天主实义今注》,(意)利玛窦著,(法)梅谦立注译,谭杰校勘

《开·闭·开》,(以色列)耶胡达·阿米亥著,黄福海译,上海译文出版社,2007 年

《泰戈尔诗文精粹》,(印)泰戈尔著,冰心、郑振铎、西蒙、倪培耕译,作家出版社,2006 年

《神曲》,(意)但丁著,朱维基译,人民文学出版社,1990 年

《奥义书》,黄宝生译,商务印书馆,2010 年

《草叶集》,(美)惠特曼著,楚图南、李野光合译,人民文学出版社,1987 年